KB174515

가족의 무게

KINSHIN SATSUJIN : SOBA NI ITAKARA by ISHII Kota
Copyright © Kota Ishii 2021
All rights reserved.
Original Japanese edition published in 2021 by SHINCHOSHA Publishing Co., Ltd.
Korean translation rights arranged with SHINCHOSHA Publishing Co., Ltd.
through Korea Copyright Center Inc.
Korean translation copyright © 2022 by Humanitas Publishing Co.

이 책은 (주)한국저작권센터(KCC)를 통한 저작권자와의 독점 계약으로 도서출판
후마니타스에서 출간되었습니다. 저작권법에 의해 한국 내에서 보호를 받는 저작물이므로 무단
전재와 복제를 금합니다.

가족의 두께

가족에 의한 죽음은 어떻게 일어나는가

이시이 고타 지음

김현욱 옮김   조기현 해제

차례

일러두기

■ 이 책은 이시이 고타石井光太의 近親殺人: そばにいたから(新潮社)(2021)를 번역한 것이다. 이는 잡지『EX 대중』EX大衆에 2016년 5월부터 2020년 7월까지 연재된 「가족 살인자」近親殺人者를 기반으로 했다.

■ 본문에 등장하는 이름들은 가명이며 지명을 비롯한 고유명사도 최대한 이 원칙을 따랐다. 다만, 「들어가며」와 「나가며」에서 언론이 이미 대대적으로 보도한 사건의 경우는 예외로 했다.

■ 본문의 각주와 대괄호([ ])는 옮긴이의 첨언이다.

■ 단행본·정기간행물에는 겹낫표(『 』)를, 기사나 논문 제목에는 홑낫표(「 」)를, 인터넷 매체, 시나 노래 제목 등에는 홑화살괄호(< >)를 사용했다.

돌봄의 무게

조기현

『아빠의 아빠가 됐다』, 『새파란 돌봄』 저자

1

"아빠 정말 죽이고 싶다."[■]

　몇 해 전, 나는 아버지를 죽이고 싶다는 마음이 들었다. 첫 책에 그 마음을 고백하듯이 썼다. 그때는 더 이상 나 혼자서 아버지를 감당할 수 없다는 생각이 들었다. 수시로 아프고 술을 마시고 치매가 시작된 아버지가 그저 짐처럼 느껴졌다. 아버지가 모진 말을 던지면 나는 더 그악스러운 말을 해댔다. 비참이 집 안을 가득 채우는 듯했다. 벗어날 출구가 잘 보이지 않았다. 죽으면 다 끝날 일이라는 생각이 마음을 가득 채웠다.

　지금 돌이켜 보면, 그때 상황은 선명하지만 감정은 까마득하다. 분명 그때보다 상황이 나아졌기 때문이다. 아버지는 요양병원에 들어갔다. 길고 복잡한 신청 절차를 거쳐 아버지가 기초생활수급자가 되면서 다달이 병원비를 감당할 수 있게 된 게 컸다. 늘 집에 있던 아버지가 입원하고 나니 그 빈자리가 허

[■] 조기현, 『아빠의 아빠가 됐다: 가난의 경로를 탐색하는 청년 보호자 9년의 기록』, 이매진, 2019.

전하면서도 숨통이 트이는 느낌이었다. 집에서 혼자였던 아버지도 병실 사람들과 웃고 싸우고 먹고 떠들며 지냈다. 내가 늘 바라던 모습이었다. 아버지가 고립되지 않고 사람들과 어울리는 모습만으로도 출구가 좀 보이는 것 같았다.

한편으로 나도 고립에서 벗어나고 있었다. 가난과 돌봄 경험을 쓰고 말하기 시작하고부터 나는 많은 이들과 이 문제를 공유하고 소통할 수 있었다. 아버지를 죽이고 싶었다는 고백에 자신도 그런 마음을 품은 적이 있다고 공감해 준 이들이 있었고, 다시는 그런 마음을 품지 않을 수 있는 사회를 고민하자는 결심을 나누기도 했다. 가난과 돌봄 부담이 얽히며 벌어지는 문제들이 꼭 나한테만 닥치는 것 같고, 다 스스로 해결해야 할 것 같고, 누구에게도 이해받지 못할 거라는 시름을 조금은 내려놓았다. 내가 정신 바짝 차려야 한다는 책임감은 저물고, 정 힘들면 사람들에게 알리고 도움을 받자는 마음이 피었다.

내가 아버지를 죽이고 싶다는 마음이 든 건 이글거리는 복수심 때문도, 용서 못 할 분노 때문도 아니었다. 상황이 바뀌고 그때의 감정이 까마득해진 걸 보니 마음의 동기보다 나를 둘러싼 조건들이 중요했던 셈이다. 그렇다면 우리는 각자의 마음을 둘러싼 환경을 응시해야 한다.

이시이 고타의 『가족의 무게』는 가족 살인 중에서도 이런 환경을 곱씹을 수 있는 사건들을 담고 있다. 이 책에 담긴 사건의 주인공들은 출구가 보이지 않는 미로를 헤매고 있는 듯한 느낌을 준다. 사건이 세상에 알려지기 전까지 오랜 시간 '가족 문제'를 어찌해 보려고 안간힘을 다하는 모습이 현현하게 전해지는 탓에 심장이 조이는 듯했다. 위기 상황에 대한 생생한 진술, 비참 속에서 느끼는 감정의 심연, 복잡하게 얽힌 가족사를 함께 목격하려면 마음을 단단히 먹어야 했다. 몇 번이고 쉬어가면서 책을 읽었던 이유다. 하지만 그런 와중에도 이 책은 그런 일들이 다시는 벌어지지 않도록 하기 위해서 어떤 사회적 변화가 필요한지 고민하게 한다.

일본에서 벌어지는 살인 사건 중 절반이 친족에 의한 살인이다. 책에서 다룬 일곱 가지 사건의 공통점은 돌봄의 어려움뿐만 아니라, 그 가족만의 갈등이 있었다는 것이다. 그런 상황에서 모두가 살인을 선택하는 것은 아니며 그보다 앞서 다른 조치를 취했어야 했다고 분명 누군가는 말할 수 있다. 법원의 판결이 그렇듯이 말이다.

하지만 근본적인 해결책을 찾기 위해서는 '단죄'만으로 끝날 수 없다. 사건의 도화선이 된 가족 간의 갈등이 폭발하게 된 조건들을 짚어 봐야 한다. 살인의 발단이 된 가족 갈등을 '자식 농사'를 잘못 지었다거나, 원래 '콩가루 집안'이라거나, '집안의 우환' 정도로만 봐서는 안 된다. 사적 영역의 문제가 아니라, 공적 영역으로 적극적으로 끌고 와야 할 문제이기 때문이다. 책의 초입에 저자가 던지는 질문은 그래서 더 곱씹어 볼 만하다.

"가족의 문제가 공적 지원을 받거나 스스로 노력하는 것만으로 해결할 수 있는 단순한 문제일까?"

일본 사회를 깊이 꿰뚫고 있는 르포 작가 이시이 고타가 건넨 이 질문에 우리는 어떤 답을 할 수 있을까?

2

이는 비단 일본만의 일이 아니다. 한국도 가족 살인의 비율이 결코 낮지 않다. 한국에서 매년 벌어지는 살인 사건 중 30퍼센트가 친족에 의한 사건이다. 이 가운데 대부분이 함께 사는 가족 간에 발생한다. 책에 묘사된 사건과 유사한 사건은 한국에서도 벌어진다.

2021년 12월에는 40대 딸이 70대 노모가 씻지 않고 냄새가 난다는 이유로 옷을 벗겨 집 밖으로 쫓아낸 사건이 있었다. 노모는 저체온증으로 사망했다. 돌봄이 필요한 이에게 돌봄을 제공하지 않으며 죽음에 이르게 한 사건이라는 점에서 이 책의 2장 '돌봄 포기'와 닮아 있다.

3장 '빈곤과 동반 자살'에서 다룬 것과 같은 사건들도 끊이지 않는다. 가난과 질병에 쫓기다 일가족이 극단적인 선택을 했다는 소식은 쉬지 않고 들려온다. 올해 8월에는 수원에서 세 모녀가 숨진 채 발견됐다. 60대 어머니는 난소암을 앓았고 40대 두 딸은 각각 희귀 난치병과 정신 질환이 있었다. 집안의 생계를 책임지던 큰아들이 루게릭병으로 지난 4월에 사망한 후 이 가족은 더 궁지에 몰렸다. 8년 전인 2014년, 송파에서 세 모녀가 월세와 공과금으로 현금 70만 원을 넘기고 세상을 등진 후에도 가난 때문에 죽는 세상은 달라지지 않은 것이다.

생활고로 인해 아이를 죽인 후 자살하는 가족의 이야기도 자주 들린다. 한때는 '동반 자살'이라고도 잘못 불렸던 이런 살인 사건들은 한국의 가족 살인에서 특히 큰 비중을 차지한다. 아이를 독립적인 인격체가 아닌 부모의 소유물로 보는 유교적 문화에 대한 비판이 으레 뒤따르지만, 그런 살인을 낳는 빈곤 등에 대한 대책은 크게 나아지지 않았다.

5장 '노노 간병'은 초고령 사회가 임박한 한국에서도 큰 사회문제다. '저출생·고령화'와 이혼율 증가, 가족 해체 등의 변화가 맞물리며 노노 간병뿐만 아니라, 생활력이 없는 청년층이 노년의 아픈 가족을 간병하는 '영 케어러'young carer 문제도 가시화되고 있다. 2021년 5월, 간병 부담에 시달리다 아픈 아버지를 방치해 죽음에 이르게 한 강도영 씨(21, 가명) 사건이 대표적이다.

도영 씨는 대학을 휴학하고 사회복무 요원을 시작하려던 참에 아버지가 뇌출혈로 쓰러졌다. 몇 달 새 병원비와 간병비가 2000만 원 가량 나왔고 삼촌에게 손을 벌렸다. 월세, 가스비, 전기료, 인터넷 요금, 휴대폰 요금 등 무엇 하나 밀리지 않은 게 없었다. 더 이상 돈을 마련할 수 없게 되자 아버지는 병원에서 강제로 퇴원하게 됐고, 결국 집에서 죽음을 맞았다.

올해 7월에는 '발달·중증장애인 참사 T4 장례식'이 열렸다. 발달 장애인과 중증 장애인이 부모에게 살해되는 일이 연이어 발생했기 때문이다. 'T4'는 1939년, 독일에서 나치가 장애인을 집단 학살하며 생체 실험을 자행한 프로그램의 이름에서 따왔다. 국가가 비용 문제를 들어 발달 장애인과 중증 장애인 돌봄을 전적으로 책임지지 않은 결과였다.

이 책의 일곱 가지 사건은 모두 정신 질환과 관련돼 있기도 하다. 중증 우울증, 조현병 등을 제대로 치료하지 못하고 병을 키운 끝에 살인에 이르거나, 정신 질환에 걸린 가족 구성원의 폭력을 견디다 못해 죽이게 된 경우가 많다. 한국에서도 존속살해를 저지른 가해자를 대상으로 면담한 결과, 40퍼센트가 정신 질환과 관련이 있는 것으로 나타났다. 치료를 받지 않으면 정신 질환 여부를 알 수 없기 때문에 수치는 더 높을 수 있다.▪

▪ CBS 시사자키 제작팀, 「한국 가족 살해 비율, 세계

주의해야 할 것은 이런 사실이 정신 장애인에 대한 차별과 낙인이 되는 문제다. 실제로 정신 장애인의 범죄율은 높지 않다. 2020년 통계를 보면, 정신 장애인의 범죄율은 전체 범죄의 0.6퍼센트, 살인·강도·폭력 등 강력 범죄의 2.2퍼센트다. 인구 10만 명당 범죄율을 봐도 정신 질환자의 범죄율은 0.136퍼센트로 전체 범죄율인 3.93퍼센트보다 월등히 낮다.[**] 오히려 우리가 집중해야 할 것은 정신 장애인의 돌봄과 부양 책임을 오롯이 가족이 짊어지고 있는 현실이다. 만약 정신 장애인에 대한 차별과 낙인이 심해진다면 당사자와 가족은 이런 현실을 더더욱 밖으로 알릴 수 없게 된다. 차별과 낙인이 비극의 단초가 될 수도 있는 셈이다.

가족 살인은 경제 위기와도 깊은 관련이 있다. 한국에서 살인과 살인 미수로 그친 가족 살인은 1994년부터 2013년까지 매년 200건 전후를 유지한다. 그중 가족 살해 건수가 크게 증가한 세 시기가 있다. 1997년 218건에서 1998년 279건으로, 2003년 265건에서 2004년 291건으로, 2008년 228건에서 2009년 261건으로 증가했는데, 한국 사회는 이 시기마다 경제 위기를 겪었다. 1997~98년에는 외환위기가, 2003~04년에는

최고 수준」, 『노컷뉴스』(2016/02/25).

[**] 최나실, 「'잠재적 범죄자' 낙인 뒤, 고통 받고 소외된 얼굴이 있다」, 『한국일보』(2022/06/14).

카드 대란이, 2008~09년에는 글로벌 금융 위기가 있었다.[■] 가족이 돌봄과 부양 책임을 전적으로 지고 있는 상황에서 위기 때마다 가장 먼저 무너지는 것도 가족이다. "가족의 무게"는 가족사라는 복잡한 사연의 무게이자 돌봄과 부양 책임의 무게나 다름없다.

3

돌봄과 부양의 가족 책임 문제는 공적 영역에서 더 크게 이야기돼야 한다. 하지만 이런 책임을 누구보다 힘겨워 하는 이들의 목소리는 공적 영역에서 힘을 발휘하지 못한다. 우선 경제적으로 취약한 이들은 정치적 대표성이나 영향력이 협소할 수밖에 없다. 동시에 사회문화적으로도 지위가 낮고 인정받지 못하는 상태인 경우가 많다. 정치·경제·사회문화 등 공적 영역에서 이 문제를 다루려면 더 큰 힘과 목소리가 필요하다. 아이러니하게도 그런 힘과 목소리가 있었다면 돌봄과 부양의 무게를 견디지 못하고 가족을 살해하는 일은 저지르지 않았을지 모른

■ 심진용·김지원, 「잇따르는 친족 살해, '가부장적' 가장, 존재감 잃자 공격적 성향 발달 '극단 선택'」, 『경향신문』(2015/01/16).

다. 이런 악순환은 구체적인 일상에서 '고립'으로 나타난다.

위기에 처한 가족들에게 공통된 것은 '관계'가 제한되어 있다는 점이다. 이 책의 1장에 나오는 아버지와 5장에 나오는 간호사 출신 아내에게는 주변에 도움을 줄 만한 사람들이 있었다. 하지만 점점 상황이 악화되면서 '나밖에 없다'는 책임감이 강해졌고, 자신을 돌볼 여유조차 갖지 못하면서 결국 스스로 고립됐다.

지역활동지원센터의 직원과 돌봄 매니저 같은 공적 서비스를 제공하는 이들도 곁에 있었지만, 이마저도 한계가 분명했다. 치료나 요양 서비스를 제안해도 당사자가 거부하거나 주보호자가 선택하지 않는 경우에는 어찌할 도리가 없었다. 이는 국가가 사회적 약자를 '발굴'하고 서비스 정보를 '소개'한다고 위기가 해소되지 않는다는 걸 보여 준다. 그러므로 사건이 터질 때마다 조금씩 보완해 나가는 방식은 더는 유효하지 않다.

무엇보다 그들 각자의 입장에서 위기 그 자체를 대변하는 이들이 없었다. 그들은 의료나 복지 제도에서 '위기'로 파악되지 못하는 문제를 겪었다. 그런 사회에서는 그들이 겪는 위기를 설명할 길이 없다. 이는 『가족의 무게』 속 모든 사례에도 해당한다. 이 책의 주인공들은 위기마다 연대해 줄 사람 없이 혼자서 고군분투했다. 기존의 의료나 복지 제도의 위치에서 사건을 바라보기보다 이런 사건의 주인공들의 위치에서 사회를 바라봐야 한다. 그랬을 때 위기 그 자체를 해소할 방안을 마련할 수 있다.

앞서 언급한 강도영 사건 이후 이어진 움직임들은 그런 면에서 큰 울림을 준다. 강도영 사건에 대한 관심이 뜨거웠던 지난해 11월에는 총리와 대선 후보까지 이 문제를 해결하겠노라 나섰다. 그러다 대선이 끝나고 이슈가 시들해지자 다시 잠잠해졌다.

하지만 한 단체대화방에는 강도영 사건을 이슈화한 기자와 보건의료계·사회복지계 교수들이 모였다. "비극을 맨 처음 마주하고 운 것도 아니고, 제일 크게 운 것도 아닐 테지만, 꼭 마지막까지 울 것을 다짐한 사람들"■이었다. 이들은 이 문제가 세간의 관심에서 벗어난 지난 5월과 8월에도 사회적 해결책을 찾기 위한 심포지엄을 열었다. 전문가들이 강도영의 입장에서부터 다시 사회를 바라보려 한 것이다. 이것이 바로 강도영과 죽은 아버지에게 전하는 '연대'다.

지금 우리는 돌봄과 부양의 가족 책임이 한계에 다다랐고, 사회와 국가가 이를 책임져야 한다는 걸 모르지 않는다. 하

■ 박성철, 「22세 청년의 간병 살인, 국가의 책임은 없나」, 『시사인』(2022/05/27).

지만 좀처럼 진전이 없다. 누구도 위기 속에서 고립되지 않아야 한다. 그 위기가 사적 영역에만 갇히지 않아야 한다. 이를 위해 우리는 누군가와 관계를 맺고 그 입장에 서보는 것에서부터 시작해야 한다. 해결책은 분명 있다.

들어가며

가족에 의한 죽음

2019년 6월 1일 오후 3시 반 무렵, 경시청 통신센터의 긴급 신고 전화가 울렸다. 센터 직원이 받자 나이 든 남자가 넋이 나간 듯한 말투로 말했다.

저 …… 저는 구마자와라고 합니다. 아들을 죽여서 자수하려고 하는데요. 얘기하자면 긴데요……. 제가 죽였습니다. 더 이상 움직이지 않아요. 아들한테 세 번 정도 죽을 뻔했어요. [이번엔] 작정하고 달려들었어요. (칼은) 시체 옆에 있습니다.

전화를 건 사람은 농림수산성 사무직 가운데 최고위급인 사무차관을 지낸 구마자와 히데아키(76). 농수성 사무차관 장남 살해 사건으로 알려진 사건의 첫 번째 소식이었다.

히데아키는 도쿄대학 법학부를 졸업하고 화려한 엘리트 관료의 길을 걸은 끝에 사무직의 정점까지 오른 인물이었다. 사무차관 자리에서 물러난 뒤에는 체코 주재 특명전권대사까지 지냈다. 그러나 사생활에서는 은둔형 외톨이*였던 장남의 문제로 고민하던 아버지였다.

장남 에이이치로(44)는 히데아키가 30대 초반에 낳은 아들로 어릴 적부터 인간관계가 서툴러 문제가 끊이지 않았고 (40대가 지나서 발달장애 판정을 받았다) 중학교 때는 왕따를 당하기도 했다.

대학을 중퇴한 뒤부터 그는 은둔형 외톨이 생활을 시작하면서 가정에서 폭력을 휘둘렀다. 폭력은 어머니가 대상인 경우가 많았는데, 갈비뼈에 금이 가거나 연필로 손바닥이 찔리는 등 큰 부상으로 이어질 정도였다. 이로 인해 어머니는 공포와 절망 속에서 우울증을 앓았다.

에이이치로는 부모의 지원으로 아파트**에서 혼자 생활하기도 했지만 본가와의 인연은 계속되었다. 여동생 역시 어려서부터 오빠 때문에 마음고생이 심했고, 성인이 된 뒤에는 오빠 문제로 혼담이 깨진 뒤 스스로 목숨을 끊었다.

40대가 되어서도 에이이치로는 나아지지 않았다. 에이이치로는 SNS에 다음과 같은 말을 남겼다.

■ 취업을 비롯한 사회생활을 하지 않고 집에만 틀어박혀 있는 사람을 일컫는 말. 일본에서는 1990년대 이후 심각한 사회문제로 대두되었고, 최근에는 이들이 중장년이 되면서 새로운 문제들이 나타나고 있다.
■■ 일본에서는 대부분 저층의 공동주택을 가리킨다.

부모가 자기들 마음대로 낳아 놓으면 죽는 순간까지 책임을 지라고 말하고 싶어, 나는.

사건이 있기 얼마 전부터 에이이치로는 다시 부모와 같이 살기 시작했다. 그때도 가정 폭력이 계속되어 부부는 몸이 멍투성이가 되곤 했고 음식도 2층 방으로 가지고 가서 숨죽여 먹었다.

사건 당일에는 근처 초등학교에서 운동회가 열렸다. 에이이치로는 시끄럽다고 화를 내면서 "사회적으로 큰 사건을 일으키겠다"라고 말했다. 가나가와현 가와사키시에서 중년의 은둔형 외톨이가 스쿨버스를 기다리던 초등학생들에게 칼을 휘둘러 사망자 2명, 부상자 18명이 발생한 사건이 벌어진 게 며칠 전이었다.

그런 사건을 일으키기 전에 자신이 에이이치로를 죽일 수밖에 없다고 히데아키는 생각했다. 그는 칼을 들었다. 그리고 아들의 심장을 정신없이 여러 차례 찔렀다.

이 사건은 한 가지 사실을 사회에 드러냈다. 바로 범죄와 전혀 무관할 것 같은 가족조차 살인 사건의 당사자가 될 수 있다는 현실이다.

히데아키의 경력을 보면, 아들을 지원할 경제력이나 정보력 등 모든 면에서 일반인보다 나은 환경이었다. 이제는 그런 인물조차 살인 사건을 일으킬 정도로 궁지에 몰릴 수 있는 세상이 된 것이다.

이는 친족 사이에서 벌어진 살인 사건의 추이를 봐도 알 수 있다. 사실 일본에서 발생한 살인 사건의 절반은 가족을 중심으로 한 친족 간에 벌어지고 있다.

일본에서 살인 사건 수(인지 건수)는 1954년의 3081건을 정점으로 조금씩 감소하고 있다. 2013년에는 처음으로 1000건 밑으로 내려갔고 최근에는 800~900건대를 오간다.

그런데 가족을 중심으로 한 가족 살해 사건 수는 최근 30년간 [매해] 400~500건대를 유지하고 있기 때문에 전체 살인 사건에서 차지하는 비율로 보면 높은 편이다. 구체적으로 말하자면, 20년 전까지는 40퍼센트 정도였던 비율이 최근에는 50퍼센트를 웃돌고 있다.

일본의 가정은 왜 이렇게 위험한 곳이 됐을까?

육아, 간병, 경제적 문제 등 예전부터 가정에는 여러 가지 문제가 있었다. 스스로 해결할 수 없는 경우에는 친척이나 이웃에게 의지하며 극복했다. 이는 '촌락 사회' 특유의 상호부조 시스템 덕분이었다.

그러나 촌락 사회의 기반이 된 인간관계에는 골치 아픈

일들이 동반된다. 그래서 고도성장기의 사회적 변화와 더불어 촌락을 떠난 사람들은 도시로 나와 '핵가족'을 형성했다.

이제 사람들은 자유를 얻은 대신, 지역의 사회안전망을 잃고 가족의 문제를 스스로 해결하지 않을 수 없게 되었다. 이는 쉬운 일이 아니다. 육아의 벽에 부딪히고, 간병 부담에 억눌리고, 이혼율의 상승과 함께 한부모 가정이 늘어났다.

사람들이 새롭게 의지하려 했던 것은 국가의 복지 정책이었다. 지역사회 대신 국가의 공적 지원에서 해결의 실마리를 찾으려 한 것이다. 언론이 처참한 학대 사건이나 동반 자살▪ 사건을 보도할 때면 "정부의 복지 정책이 불충분하다"라는 말이 나오고 공적 지원의 필요성이 강조되었다.

그렇지만 가족의 문제가 공적 지원을 받거나 스스로 노력하는 것만으로 해결할 수 있는 단순한 문제일까?

그런 것 같지는 않다. 구마자와와 마찬가지로 아버지가 은둔형 외톨이 생활을 하던 아들을 살해한 사건을 둘러싸고

▪ 미성년자나 의사 표현이 불가능한 환자, 장애인의 가족을 죽이고 자살하는 일을 '동반 자살'이라고 표현하는 것은 문제가 있다. 그러나 의사 표현이 가능한 성인들이 합의 끝에 함께 자살을 선택하는 경우 등도 있어 이 책에서는 합의 여부와 본인의 자살 여부를 기준으로 동반 자살, 살인 후 자살, 살인 등으로 번역했다.

열린 한 재판에서 어머니는 자신의 남편을 두둔하며 판사에게 이렇게 호소한 적이 있다.

> 아들의 병이 얼마나 심했는지, 그런 아이를 가진 가족이 얼마나 고통스러운지, 그런 건 가족이 아니면 모를 겁니다. 그 아이 때문에 사건이 벌어진 겁니다. 다른 집이었어도 마찬가지였을 거예요.

판사는 시선을 피한 채 침묵했지만 결국은 유죄를 선고했다.

이 책에서 다루는 사건들은 내가 실제로 재판을 방청하거나 현장을 찾아 들은 이야기를 묶은 것이다.

사건 관계자들 중에는 경악할 만큼 냉혹한 말을 내뱉는 경우도 있고, 심장이 옥죄는 것처럼 슬픈 사연을 이야기하는 경우도 있다.

2020년 이후 신종 코로나 바이러스의 유행으로 인해 가족이 함께 보내는 시간이 이전보다 더 늘어나면서 가정 폭력, 아동 학대, 간병 스트레스 등이 증가했다. 코로나가 끝난 후의 '뉴노멀'이라 불리는 새로운 생활 방식과 세계적으로 유례를 찾을 수 없는 저출생·고령화로 인해 가족의 문제는 점점 더 심각해질 것이다. 이런 때일수록 우리는 스스로의 노력만으로는 해결할 수 없는 복잡하고 무거운 현실과 공적 지원의 문제에 좀 더 주의를 기울일 필요가 있을 것이다.

가족을 죽이게 되는 데에는 어떤 이유가 있는 걸까? 사건이 일어난 가정과 그렇지 않은 가정은 무엇이 다른가? 이 질문에 대한 대답을 실제 사건 속에서 여러분 스스로 발견하면 좋겠다.

1

은둔형 외톨이

"나밖에는
가족을 지킬 사람이 없다"

도쿄 주택가에 위치한 2층짜리 하얀 단독주택. 작은 마당에 심긴 나무들은 잘 손질돼 있다. 직장인이라면 대출을 좀 받아서라도 사고 싶어 할 만한 외관이다.

이 집에 살았던 사람은 구스모토 야스오라는 중학교 체육 교사였다. 학생들로부터 사랑받으며 정년퇴직할 때까지 30년 이상 교직에 몸담았다. 덩치는 작아도 성실하고 듬직한 사람이었다.

아내와 함께 이 집에 살기 시작했을 때 야스오는 가족들이 웃으며 살 즐거운 나날을 꿈꾸었을 것이다. 아이가 하나씩 생길 때마다 집안은 시끌벅적해졌고, 그럴수록 자신이 이 집을 지켜야 한다는 생각이 강해졌을 것이다.

그러나 결혼한 지 41년이 지난 2018년 여름, 이 집은 처참한 살인 사건의 현장이 된다. 무더운 여름날 아침이 희미하게 밝아 올 무렵, 경찰에 의해 살인 혐의로 체포된 사람은 아버지 야스오. 옆 동네에서 청소 일을 하고 있던 야스오는 이제 66세에 흰머리가 성성했다.

지극히 평범한 행복을 바랐을 뿐인 이 가정에 무슨 일이 있었던 걸까?

구스모토 야스오는 1952년, 도쿄에서 태어났다. 어릴 적부터 공부도 운동도 잘했던 그는 유명 사립대학 부속 고등학교에 입학해 같은 대학으로 진학했으나 체육 교사가 되기 위해 1년 만에 중퇴하고 체육 교사 자격증을 딸 수 있는 다른 사립대학에 들어갔다.

졸업 후 야스오는 자신의 목표였던 중학교 체육 교사가 되었다. 25세 때, 중학교 동창인 리쓰코와 결혼해 둘 사이에 처음 태어난 아이가 피해자 세이타로였다. 그 후로 딸 가쓰요가 태어났고 단란한 생활이 시작되었다.

리쓰코는 남편에 대해 이렇게 말한다.

남편은 온화한 성격으로 뭐든 잘 받아 주었습니다. 화를 내는 일도 거의 없고, 남을 위해 뭔가를 해야 한다고 생각하는 사람이었죠. 반대로 저는 좋고 싫은 게 뚜렷해서 무슨 일이든 입 밖에 내고 마는 성격이라 옥신각신하기 쉬운 그런 사람이에요. 그래서 살면서 남편 도움을 많이 받았어요.

아들 세이타로는 아버지를 닮아 스포츠를 즐기는 활발한 성격이었다. 초등학교 때부터 야구팀이나 축구팀에 들어가 열심히 훈련에 임했다. 특히 아버지 야스오가 코치로 있던 야구팀에서는 밤늦게까지 흙투성이가 된 유니폼을 입고 운동장을

"나밖에는 가족을 지킬 사람이 없다"

누볐다. 야스오 역시 아들과 함께 즐거운 한때를 보냈다.

중학교에 들어간 세이타로는 야구를 그만두고 육상부에 들어갔다. 리더십이 있어 친구들도 따랐던 그는 동아리뿐만 아니라 학생회에서도 미화위원장으로 활약했다. 야스오는 아들이 육상 대회에 출전하는 날은 반드시 응원하러 갔다.

야스오는 그 무렵이 가장 행복했다고 회고한다.

그 시절이 가장 …… 좋은 추억입니다. 세이타로는 운동회나 학예회 등 학교 행사를 즐기는 아이였습니다. 며칠 전부터 그날을 고대하면서 당일에는 모든 걸 잊고 행사에 몰두했죠. 그런 아들 곁에서 응원해 주는 게 제게는 무엇과도 바꿀 수 없는 경험이었습니다.

세이타로가 공부에 집중하게 된 것은 중학교 2학년이 끝날 무렵이었다. 제 스스로 근처 유명 고등학교에 진학하겠다고 나선 것이다.

학원에 다니기 시작한 세이타로는 매일 밤늦게까지 책상 앞에 앉아 있었다. 좀 쉬라고 해도 시험이 얼마 안 남았다며 한눈도 팔지 않고 묵묵히 공부만 했다. 원래 한 가지 일에 집중하는 성격이긴 했지만, 부모로서 걱정이 될 정도였다.

노력한 결과 중학교 3학년부터 성적이 올랐지만, 언제부턴가 주변의 쓰레기에 지나치게 예민하게 굴었다. 등하굣길에 버려진 쓰레기를 주워 모으는 것을 시작으로 얼핏 보면 보이지도 않는 지우개 가루 같은 것까지 기어 다니며 찾았다.

야스오는 말한다.

저희 가족이 좀 이상하다고 느끼기 시작한 것은 세이타로가 밖에 나갈 적마다 담배꽁초를 잔뜩 모아 왔을 때였습니다. 신경이 쓰여서 미칠 것 같다는 투였어요. 더러우니까 그만두라고 해도 말을 듣지 않았어요.

어느 날 세이타로가 동네의 담배꽁초를 모아 오겠다며 집을 나간 적이 있습니다. 따라가 보니 옆 동네까지 다니며 길에 버려진 담배꽁초를 정신없이 주웠어요. 보다 못해 적당히 좀 하라고 근처 공터에 데려가서 쉬게 했죠.

세이타로는 세 정거장 거리의 길을 걸으며 담배꽁초를 주웠다고 한다.

그리고 얼마 뒤 세이타로는 첨단공포 증세를 보이기 시작했다. 집에 있던 가위를 보고 파랗게 질려서는 어머니 리쓰코에게 "무서우니까 좀 치워 줘!"라며 울음을 터뜨린 것이 시작이었다. 이후 칼부터 압정까지 뾰족한 것을 두려워했다.

그 무렵에는 세이타로도 자신의 이상을 깨닫고 있었다.

어느 날 그는 피곤한 얼굴로 부모에게 말했다.

"나 좀 이상한 것 같아. 병원에 가고 싶어."

스스로 생각하기에도 정신적으로 궁지에 몰려 있었던 것이다.

리쓰코는 세이타로를 정신과에 데려갔다. 의사는 사물에 대한 강박 성향이 보인다며 대처 방법을 가르쳐 주었다.

열심히 공부한 보람이 있어서 세이타로는 가고 싶어 하던 고등학교에 합격했다. 가족들은 무척 기뻐하면서 입시로부터 해방된 세이타로의 정신 상태가 원래대로 돌아가기를 기대했다.

세이타로는 야구부에 들어갔다. 강한 팀은 아니었지만, 초등학교 때 아버지와 함께 흙투성이가 될 때까지 연습했던 기억을 떠올리며 선발 선수에 드는 것을 목표로 했다. 학생회에도 입후보했고 학교 행사에도 적극적으로 참여했다.

중학교 때 나타났던 정신적 문제는 안정된 것처럼 보였다. 그러나 2학년이 되면서부터 세이타로는 주변 사람들과 잘 어울리지 못했다. 지각이나 결석이 늘었고, 야구부 연습도 빠졌으며, 성적도 급격히 나빠졌다.

부모가 걱정하자 세이타로는 말했다.

"학교에서 애들이랑 만나는 게 무서워."

"싸웠어?"

"그런 건 아닌데 …… 그냥 교실에 있으면 애들 시선이나 목소리가 신경 쓰여. 날 노려보거나 악담하는 것 같아."

왕따를 당한 것이 아니라 세이타로의 피해망상이 커진 모양이었다. 다시 강박증에 빠진 것 같기도 했다.

세이타로는 말했다.

"나 아무래도 병이 있는 것 같아. 다시 병원에 가고 싶어."

어머니 리쓰코는 아들을 구청 상담 창구에 데려갔고, 거기서 평판이 좋은 병원을 소개해 줘 다녀 보기로 했다. 돌아오는 길에 세이타로는 이렇게 중얼거렸다.

"스스로 해결해야 해."

이날부터 20년 이상 계속되는 투병과 은둔형 외톨이 생활이 시작되었다.

병원 검사 결과, 세이타로는 '강박신경증' '망상' '대인 기피증' 진단을 받았다. 치료한다고 해서 즉시 완치될 증상들이 아니었다. 약을 먹어 증상을 다스리면서 의사의 지도에 따라 대처법을 익히고 익숙해질 필요가 있었다.

세이타로는 병원에 다니면서 고등학교는 졸업했지만, 성적이 낮아 대학에는 낙방하고 말았다. 1년간 신문 배달도 하고 학원도 다니며 공부를 했지만, 여기서도 병 때문에 고통은 계속되었다. 신문 배달소에서는 동료들과 대화를 잘 나누지 못

했고, 학원에서는 친구들이 험담하는 망상에 시달렸다. 학원 접수처에서 일하는 여성에게 감시당하는 기분이 들어서 공부를 하지 못한 시기도 있었다.

대학을 포기할 뻔도 했지만, 부모의 도움으로 세이타로는 도쿄의 사립대학에 입학했다. 고등학교의 이름값에 비하면 만족할 만한 대학은 아니었지만, 이 시기의 그로서는 최선이었다.

대학 생활도 그가 꿈꿨던 것과는 달랐다. 마음의 병 때문에 그는 결국 1년 만에 대학을 중퇴했다.

야스오는 이 무렵의 세이타로에 대해 이렇게 말한다.

다른 사람들과 잘 어울리지 못해서 고민했어요. 사람들이 자기를 이상하게 본다는 망상이 커져서 무서워하거나 화를 냈고, 사람들과 더욱 어울리지 못하는 악순환이었어요. 결벽증도 심해졌고요. 화장실 문틈에서 병균이 흘러들어 온다는 말을 자주 했어요. 하루에 양치질을 몇백 번씩 하고 손을 씻었어요. 화장실이라는 말만 들어도 병균이 쳐들어 오는 것 같은 기분이었나 봐요.

세이타로도 빨리 병을 고치고 싶다는 생각은 하고 있어서 유명 정신과를 찾아다녔다. 의사들의 진단은 매번 달라서 '강박 장애' '사교 불안 장애' '양극성 장애' 등 다양한 병명과 함께 대량의 약을 처방받았다.

대학 중퇴 후에는 아르바이트를 했지만 오래가지 못했다. 일을 시작해도 며칠 뒤에는 "일이 하기 싫다"라거나 "상사와 잘 지내지 못하겠다"라며 그만둬 버렸다.

부모가 아르바이트 책임자에게 확인한 바로는 세이타로가 일하다가 5분 간격으로 화장실에 가거나 탈의실에서 나오지 않았던 모양이다. 강박증 때문에 사람들을 만나기가 두려운 탓이었을 것이다. 10년간 경험한 아르바이트는 사오십 개가 넘었지만, 반년 이상 버틴 것은 하나도 없었다.

세이타로는 생각대로 되지 않는 일상에 스트레스를 느꼈던 모양이다. 그는 쇼핑을 통해 스트레스를 해소하기 시작했다.

야스오는 말한다.

스물세 살 무렵부터 신용카드로 심하다 싶을 정도로 쇼핑을 했어요. 인터넷 쇼핑에도 빠져서 하루에 몇 개씩 택배 상자가 도착했고요. 옷이나 안경 같은 거였는데 전부 너무 화려해서 누가 언제 입을지 모르겠는 것들이었죠. 아들도 거의 쓰지 않을 것들이었으니까요. 쇼핑을 자제하도록 주의를 줘도 화를 냈습니다. "내 맘이야!" 이러면서 말을 듣지 않았어요.

스트레스로 인해 쇼핑 중독에 빠졌던 것이다.

세이타로는 카드를 세 장 가지고 다녔는데, 저금한 돈은 거의 없었다. 앞뒤 생각하지 않고 물건을 잔뜩 구매한 탓에 카드는 정지당했고, 200만 엔의 빚을 지게 되었다.

카드가 정지된 후에도 충동을 참을 수 없었던 그는 절도를 시작했다. 백화점이나 슈퍼에서 닥치는 대로 옷이나 신발, 식료품 등을 훔친 것이다.

어느 날 경찰로부터 전화가 왔다.

"구스모토 씨 댁인가요? 세이타로라는 아드님이 계시죠? 방금 전 가게에서 절도 혐의로 체포됐습니다."

야스오와 리쓰코는 카드빚에 대해서는 알고 있었지만 절도까지 하고 있는 줄은 몰랐다. 아들의 이성은 그 정도까지 망가져 있었던 것이다.

절도죄로 기소된 세이타로는 집행유예 판결을 받았다.

재판에서 유죄판결을 받은 후로 도벽은 사라졌다. 한 번 더 체포되면 감옥에 간다는 자각은 있었던 것이다.

대신에 세이타로는 풀지 못한 스트레스를 가까이 있는 가족에게 풀면서 난폭해졌다. 가정 폭력의 표적은 항상 어머니였다.

야스오는 말한다.

제 앞에서는 얌전했는데 아내와 둘이 있을 때는 시도 때도 없이 폭력을 휘둘렀어요. 세이타로는 그 사실을 숨기려 했습니다. 어느 날 아내가 마당에서 청소를 하고 있는데, 세이타로가 갑자기 달려들어 머리채를 붙잡고 내동댕이친 적이 있어요. 이유는 모르겠는데 갑자기 흥분했나 봐요. 집 앞을 지나던 사람이 아내의 비명 소리를 듣고 마당에 들어오니까 세이타로는 당황해서 아내를 집 안에 끌고 들어와 "왜 소리 질러! 사람들이 듣잖아!" 이러면서 계속 때렸다고 하더군요.

그에게는 어머니가 유일하게 화풀이할 수 있는 상대였을 것이다.

가정 폭력으로 인해 리쓰코는 공포에 사로잡혔고, 세이타로가 시키는 대로 하게 되었다. 그녀는 이렇게 말한다.

세이타로는 갑자기 폭발하곤 했습니다. 제가 뭐라고 변명해도 듣질 않았어요. "그런 대답밖에 못 해?" "엄마가 날 의심하잖아" "엄마가 날 인정 안 해줘서 그래" 이러면서 더 화를 냈습니다. 그때마다 저는 무서워서 움츠러들었어요. 세이타로는 그런 제 머리채를 붙잡거나 화가 풀릴 때까지 계속 배나 등을 때렸어요.

다른 사람들에게 도움을 요청하지 않은 건 그 애가 일을 키우지 말라고 했기 때문입니다. 한번은 주차장까지 도망쳤더니 따라와서 저를 붙잡고 말했어요. "밖에 나가지 말라고!"

말을 안 들으면 더 때렸기 때문에 저는 무슨 짓을 당해도 집에서 참을 수밖에 없었어요. 비참했어요. 정말 비참했죠.

야스오는 아내로부터 폭력 사태에 대해 들을 때마다 뭐라도 해야겠다고 생각했다. 그러나 세이타로는 자기 앞에서는 얌전했다. 나중에 대화를 시도해 봐도 "엄마가 나빠" "나는 안 그랬어"라고 대답했기 때문에 해결의 실마리가 보이지 않았다.

2006년 가을, 리쓰코는 몇 년에 걸친 아들의 폭력 때문에 우울증 증세를 보이기 시작했다. 이대로 가다가는 아들에게 죽을 수밖에 없다고 생각한 그녀는 집을 나가고 싶다고 했고 가족 모두 찬성했다. 큰딸인 가쓰요는 이렇게 말했다.

"엄마가 나가면 나도 같이 나갈래. 지금처럼 살긴 싫어. 내 월급으로 방을 빌릴게."

야스오도 찬성했다.

"알았어. 그렇게 하자. 이 집에는 내가 남아서 세이타로를 돌볼게. 세이타로는 나한테는 아무 짓도 못 하니까 괜찮을 거야.”

이렇게 리쓰코는 집을 나가서 딸과 함께 생활하게 되었다. 오랫동안 잊고 있던 평온한 일상이 돌아왔다.

하지만 별거는 1년 만에 막을 내린다. 가쓰요가 결혼을 하면서 리쓰코가 집으로 돌아오게 된 것이다. 리쓰코가 혼자 살 수 없었던 것은 경제적인 이유 때문이었던 것 같다.

다시 세이타로와 같은 집에서 지내는 일은 리쓰코에게 지옥과도 같았다. 야스오와 함께 있을 때는 안심할 수 있었지만, 계속 함께 있을 수만도 없는 노릇이었다. 리쓰코는 폭력에 시달리는 나날들이 다시 시작되는 줄로만 생각하고 있었다. 하지만 그때 의외의 지원군이 나타났다.

그 무렵 세이타로는 평범한 일은 할 수가 없어서 장애인 취업지원센터에 상담을 받으러 갔다. 장애인 고용 지원 제도를 이용해서 무리가 가지 않는 선에서 일을 해보려 했던 것이다. 면접에서 세이타로는 중증 우울증을 진단받고, 다음과 같은 말을 들었다.

지금 증상으로 볼 때 일단 생활을 안정시키는 게 최우선입니다. 생활 지원을 받도록 하세요.

그렇게 소개받은 곳이 지역활동지원센터였다. 이곳은 장

애인의 생활을 지원하고 지역에 적응하는 것을 돕는 기관이었다. 세이타로를 담당하게 된 것은 하야마 후미라는 베테랑 직원이었다.

하야마는 재판에 증인으로 서게 되었을 때, 세이타로와 가족의 첫인상을 이렇게 말했다.

세이타로가 저희 센터에 처음 왔을 때는 문제가 여러 가지였어요. 먼저 신속히 해결해야 할 문제로 빚과 폭력이 있었습니다. 그리고 사모님은 세이타로를 무척 두려워하고 있었고, 남편 분이 혼자서 전부 해결하려고 했습니다. 이대로 가면 언젠가는 가정이 무너질 거라고 생각했습니다.

하야마는 문제 해결을 위해 한 가지 제안을 했다. 가족을 둘로 나누는 것이었다.

제가 세이타로에게 집 근처에 방을 빌려서 혼자 살아 보지 않겠냐고 했습니다. 모두를 위해서 가족과는 거리를 두고 떨어져 사는 게 낫다고. 세이타로는 하나부터 열까지 혼자서 할 수는 없으니 금전이나 생활에 대해서 불안한 부분은 저와 부모님이 돕겠다고 약속했습니다. 세이타로도 삼십 대가 되면서 장래에 대해 이것저것 생각했던 모양이라 승

낙했습니다.

세이타로는 스무 살에 의사로부터 장애 등급을 인정받았음에도 장애기초연금을 수급하지 않고 있었기 때문에[■] 하야마는 과거 5년분의 연금 약 300만 엔을 받을 수 있도록 도왔다. 그 돈을 밑천으로 세이타로는 카드빚을 갚고 살림을 장만했다. 그리고 생활보호를 수급하기로 함으로써 원룸 계약금과 월세를 충당했다.

새로 생활을 시작한 원룸은 본가에서 그리 멀지 않은 곳이었다. 가족들은 세이타로가 자립할 수 있을지 반신반의했지만, 세이타로가 하야마를 신뢰한 덕에 기대 이상으로 원활하게 진행되었다. 세이타로는 하야마의 조언을 받아들여 장을 보거나 청소하는 법 등을 하나하나 단계적으로 익혀 갔고 점점 자신감이 붙는 것 같았다.

그렇다고 한꺼번에 모든 걸 해결할 수 있게 된 것은 아니다. 정해진 금액에 맞춰 장을 볼 수 있게 되었다 해도 삼시세끼 과자만 먹는 바람에 몸무게가 급격히 늘거나 마음에 드는 도

■ 일본에서는 일상생활에 심각한 지장이 있는 경우 1·2급, 일하는 데 심각한 지장이 있는 경우 3급으로 장애 등급을 받으며, 3급까지 장애기초연금이 지급된다.

시락만 몇 달째 먹는 일도 있었다.

약을 먹어도 강박증은 쉽게 사라지지 않았다. 여전히 화장실 문틈에서 병균이 흘러들어 온다는 망상 때문에 화장실에서 용변을 볼 수 없을 정도였다.

하야마는 말한다.

세이타로는 강박증을 고치려고 신칸센을 타고 나고야에 있는 유명한 병원까지 간 적도 있어요. 2박 3일 동안 호텔에 머물면서 인지 요법 치료를 받았다고 했어요. 의사 선생님과 함께 변기를 만지고 무서운 게 아니란 걸 확인한 모양이에요. 증세는 좋다 나쁘다 했고, 시기에 따라서 변화의 폭이 컸어요. 한번 스위치가 켜지면 엄청난 강박증에 시달리는 공황 상태가 됐지만, 안정이 되면 여러 가지 일도 무리 없이 할 수 있었어요. 본인은 그런 변화의 폭이 견디기 힘들었을 거예요.

야스오는 원룸에서 노력하는 아들을 응원하려고 연락도 자주 했고, 먹거리를 사서 찾아가기도 했다. 가족들이 안심하고 살기 위해서는 세이타로가 원룸 생활을 계속해야만 했다.

2014년, 세이타로가 원룸 생활을 시작한 지 3년째였다.

그사이 결혼한 큰딸 가쓰요가 친정 옆으로 이사를 왔다. 아이가 생기면서 육아를 위해 근처에 살게 된 것이다. 작은 마당에는 조부모, 부모, 그리고 손주들의 밝은 목소리가 넘쳤다.

한편, 원룸에 살게 된 세이타로는 지역활동지원센터에 다니며 사회 복귀를 위해 노력했다. 센터에서 열리는 장애인들의 창작 프로그램이나 교류 이벤트에 참가했던 것이다. 가족들 눈에는 세이타로가 센터의 지원을 받으며 잘 지내고 있는 것처럼 보였다.

어느 날 원룸을 찾은 야스오에게 세이타로가 뜻밖의 말을 꺼냈다.

"나 결혼할 거야."

"결혼? 누구랑?"

"있어. 센터에서 만난 야마시타라는 애."

들어 보니 센터에서 야마시타 아키코라는 여성과 사귀고 있다고 했다. 조현병 환자인 그녀는 지금 다른 남성과 결혼한 상태지만, 이혼을 협의 중으로 이혼 후 재혼을 약속했다고 한다.

야스오가 집에 돌아와 가족들에게 이 사실을 이야기하자 모두가 결혼은 어렵다고 입을 모았다. 마음의 병을 앓는 두 사람이 행복한 가정을 꾸리는 모습을 상상할 수 없었던 것이다. 야스오는 세이타로에게 다시 생각해 보라고 제안했지만, 세이타로는 말을 듣지 않았다.

그해 세이타로는 주변의 반대를 무릅쓰고 아키코와 결혼했다. 야스오는 결혼을 계기로 세이타로의 병이 호전되기를 빌 수밖에 없었다.

그러나 결혼 생활은 몇 개월 만에 끝이 났다. 동거가 시작된 직후부터 사돈집에서 야스오에게 불만을 제기하기 시작했다. 처음에는 "사위가 딸에게 생활비를 안 준다"라거나 "돈이 없어서 생활을 못 하겠다" 같은 내용이었다. 그러다 "딸이 맞고 사는 것 같다"라거나 "친정에 돌아오고 싶어 한다" 같은 심상치 않은 내용이 되었다. 세이타로가 가정 폭력을 휘두르는 모양이었다.

부부 사이의 일을 정확히는 알 수 없지만, 짐작컨대 조현병 때문에 힘들어 하는 아키코에게 장애를 가진 세이타로가 적절히 대응하지 못해 둘 사이의 충돌이 가정 폭력으로 이어진 것 같았다.

거듭된 폭력을 보다 못한 아키코의 오빠가 원룸을 찾아 여동생을 친정으로 데려왔다. 일방적으로 아내를 빼앗겼다고 느낀 세이타로는 연일 처가에 아내를 돌려 달라는 문자를 보냈다. 그 양은 수백 회에 달했다.

이를 협박으로 받아들인 야마시타의 집에서는 경찰에 신고했고, 경찰은 세이타로를 협박 혐의로 체포했다. 최종적으

로 기소는 면했지만, 이혼 조정을 통해 아키코와 세이타로는
헤어졌다.

2015년, 세이타로는 아키코와 정식으로 이혼했다. 세이타로
에게는 자신의 존재를 완전히 부정당한 충격적 사건이었다.

그는 착실하게 센터에 다니면서 병원 치료도 계속하고 자
립할 만큼 회복되었다는 자신감이 있었다. 아키코와 결혼한
것은 그 증거와도 같았다. 그러나 1년도 안 돼 아키코는 집을
나갔고, 경찰에 체포된 끝에 법원에서 이혼을 당했다. 겨우 얻
은 자존심이 산산조각 났다.

하야마는 이를 계기로 세이타로의 생활이 급격히 엉망이
되기 시작했다고 말한다.

이혼 조정이 끝나고부터 세이타로는 제가 봐도 놀랄 정도
로 병이 악화됐어요. 집 밖의 소음에 과민 반응을 하거나
누가 엿보고 있다는 착각에 시달렸죠. 아침부터 커튼을 닫
고 귀를 막으며 두려워했고, 밖으로는 한 발자국도 나가려
하지 않았어요. 식사 준비를 위해 장을 보러 가는 것도 안
했어요. 그때까지 좋아졌다 나빠졌다 하긴 했지만 최소한
의 생활은 할 수 있었는데, 이제는 혼자서 살 수 없는 상태

가 되어 버린 겁니다.

이런 생활을 정상으로 돌리려 했던 사람이 야스오였다. 그 무렵 학교에서 정년퇴직한 그는 옆 동네에서 청소 일을 시작했다. 저녁에 일이 끝나면 매일 슈퍼에 들러 도시락을 사서 오후 5시에는 세이타로의 원룸에 가져갔다.

세이타로가 식사를 하는 동안 야스오는 방을 깨끗이 청소하고, 몇 시간이고 잡담을 나눴다. 밤 11시에 세이타로가 수면제를 먹고 잠자리에 들 때까지 그는 옆에서 자리를 지켰다. 그가 아들의 원룸을 나오는 시각은 매일 자정이 넘어서였고 늦으면 새벽 2시일 때도 있었다. 세이타로가 "시중에서 파는 도시락은 물렸다"라고 말한 뒤에는 아침 일찍 일어나 도시락을 준비했다.

이렇게까지 정성을 들인 것은 아들에 대한 애정 못지않게 아내와 딸을 지키려는 마음이 컸기 때문이다. 가족에게 폭력이 가해지지 않게 하려면 세이타로의 자립을 유지하는 게 필수적이었다.

주변의 권유를 받아들인 세이타로는 유명한 정신과를 찾아 다시 제대로 치료를 받기로 했다. 마음의 안정을 되찾는 것이 최우선이라는 사실을 자신도 잘 알고 있었다.

그런데 병원에서 세이타로는 전혀 예상치 못했던 사실에

직면한다. 의사가 이렇게 말한 것이다.

> 환자분은 조현병입니다. 지금까지 강박증이라고 들은 모양인데 아닙니다. 앞으로는 조현병 치료를 받으세요.

세이타로는 말을 잇지 못했다. 약 20년간 필사적으로 받았던 치료가 전부 헛된 일이었고 원점으로 돌아가 다시 다른 병의 치료를 받아야 한다니. 지금까지 치료에 들인 시간은 무엇이었단 말인가.

세이타로는 의사에 대한 불신을 키웠다. 그리고 도시락 반찬이 맘에 안 든다고 야스오를 돌려보내거나 집에 오는 시간이 늦었다고 화를 내며 난동을 부렸다.

야스오도 아들의 심정을 알았기에 화를 내는 대신 받아들였다. 그러나 한밤중까지 잠을 못 자는 생활과 부조리한 요구가 거듭되면서 몸도 마음도 지쳐 갔다. 그리고 과로로 인해 사고를 당한다.

다음은 야스오가 세이타로에게 그 사실을 전하며 쓴 메일이다.

> 잘 잤니? 어제는 네 강박증이 심해졌는데도 못 가서 미안. 실은 세이타로한테 할 말이 있어. 지난번에 비가 온 날, 세이타

로 집에서 돌아오는 길에 자전거 사고를 당했어. 이 일은 걱정할까 봐 아무한테도 이야기하지 않았어. 여러 가지 원인이 있겠지만, 가장 큰 이유는 아빠가 무리했던 것 같아.

일이 끝나고 집에서 좀 쉴 수 있으면 좋은데, 세이타로가 힘든 것도 알고, 최근에는 열심히 병을 고치려는 세이타로 마음이 어느 때보다 더 잘 느껴져서 나도 돕고 싶어.

그래서 저녁에 도시락 가져가는 시간도 중요하다고 생각해. 근데 아빠도 일하고 나서는 좀 쉬고 싶어. 물론 위급할 때는 가볼게. 그렇지만 그냥 괜찮은 것 같은 날은 집에 가 쉬어도 될까? 세이타로를 오래 지키기 위해서 말이야.

야스오도 세이타로를 돌보느라 몸도 마음도 한계에 다다랐다는 사실을 자각하고 있었다. 그래서 아들에게 쉬게 해달라고 메일을 보냈던 것이다.

세이타로는 아버지의 요청을 받아들이지 않았다. 답장은 짧았다.

안 돼. 꼭 와야 돼.

야스오는 눈앞이 캄캄해졌다. 그러나 하룻밤 생각한 뒤 세이타로의 요구를 받아들이기로 했다.

집에 와서 생각을 좀 해봤어. 지금 가장 중요한 건 세이타로의 강박증을 해결하는 일인 것 같아. 어제 한 얘기는 취소할게. 앞으로도 당분간 세이타로 옆에서 잘 거야. 불안을 제거하는 게 가장 중요하다는 걸 다시금 깨달았어.

아빠도 건강에 충분히 주의하면서 지금처럼 마찬가지로 노력할게. 최근 한 달은 개선이 많이 됐으니까 앞으로도 이대로 강박증에 대처하자.

야스오는 하루에 한두 시간이라도 몸과 마음을 쉬게 할 시간이 필요했다. 그 사실은 자신이 누구보다 잘 알고 있었고, 몇 번이나 표현을 완곡히 바꿔 가며 말했지만 세이타로는 전혀 받아들이지 않았다.

다음은 이들이 주고받은 문자다. 조금 길지만, 둘 사이의 관계가 잘 드러나는 부분이라 그대로 인용해 본다.

야스오 안녕. 조금씩 약 효과가 있는 것 같아서 기뻐. 한 가지 부탁이 있는데, 4월부터 손주들(옆집에 사는 가쓰요의 아이들) 학교가 시작돼. 앞으로 수목금은 클럽활동 연습을 한다. 지금까지는 아빠가 애들을 자전거에 태워서 갔는데, 앞으로는 애들이 자전거에 타고 내가 따라가야 돼서 지금 같은 시간에는 세이타로 집에 갈 수가 없어. 사고도 일으키면 안 되니까 4월부터 수목금은 도시락을 7시에 가져가도록 이해해 주면 고맙겠어. 세이타로한테는 미안하지만 이해해 줘.

세이타로　7시는 늦어. 얘기할 시간이 없잖아. 평소처럼 와줘.

야스오　애들 클럽도 있으니 가끔은 7시 직전이 될 수도 있을 거야. 그럴 때는 사전에 연락할게. 부탁해.

세이타로　있잖아, 아까 문자 엄청 짜증 났어. 애들 학년이 올라간다고, 애들 수가 늘었다고 그런 이유로 일정을 바꾸지 마. 그런 요구는 앞으로 절대 하지 마. 애들 일이 나한테 영향을 미치는 건 싫어. 더 이상 내 상태가 안 좋아지는 얘기는 하지 마.

야스오　아빠도 세이타로와 함께 있는 시간을 소중히 생각하고 있어. 아빠한테 연락을 주는 것도 고마워. 세이타로가 안 자고 일어나 있는 게 힘들면 좀 일찍 수면제를 먹으면 어떨까? 그편이 세이타로도 푹 쉴 수 있을 거야. 어떤 생활 리듬이 좋을까?

세이타로　아니, 안 자고 누워 있는 건 안 힘들어. 약도 지금처럼 먹을 거야. 내 말은 애들 때문에 오는 시간이 늦어지는 게 싫다는 거야. 애들 때문에 이렇다 저렇다 얘기하는 게 싫어. 애들 때문에 할 일이 늘면 가쓰요네 부부가 해결하면 되잖아. 아빠가 뭐든 해주는 게 싫어. 그게 내 생각이야. 그러니까 오는 시간은 변함없음. 이상.

야스오 아빠도 세이타로를 위해서 상당히 노력하고 있는데 아직 부족한가? 아빠도 평범한 인간이라 세이타로 요구를 못 따르는 부분이 있는 것 같네. 내가 누구인지, 어떻게 살아야 할지 그걸 생각하는 게 평생 숙제인 것 같다.

세이타로 자기 존재가 뭔지 깊이 생각할 필요 없어. 어떻게 살아야 할지도 생각할 필요 없어. 그렇게 깊이 생각하는 사람은 평범한 사람이 아니야. 지금 아빠가 하는 일은 나한테는 필요한 일이니까. 아직 내 몸이 회복 안 됐으니까. 아빠는 소중한 존재고, 나한테 여러 가지로 도움이 돼. 내 말은 애들 말이야. 아빠가 애들한테 신경 쓰느라 내 생활이 달라지는 건 곤란해. 오는 시간이 20분 늦어지면 아빠랑 얘기할 시간도 줄어들고 저녁 먹는 시간도 늦어지잖아. 그게 제일 문제야. 밤늦게 먹으면 살찌거든. 그러니까 정해진 시간에 와야 해.

야스오는 세이타로를 오래 돌보기 위해 일상적 부담을 줄여야 한다고 제안했으나 세이타로는 그렇게 생각하지 않았던 것이다. 세이타로는 아버지가 자신과 거리를 두려 한다고 생

"나밖에는 가족을 지킬 사람이 없다"

각해 지금 그대로의 관계를 요구했다. 둘의 대화는 평행선을 달렸다.

그런 관계는 다음 대화에서도 드러난다.

야스오   아침부터 오른쪽 눈이 침침해져서 기분이 안 좋은 상태로 간신히 일을 마쳤어. 안과에 갔더니 3주 정도 일을 쉬면서 휴식을 취하래. 안면에 이상이 있다고. 오늘은 일단 쉬고 내일 연락할게.

세이타로   설마 나한테 (밥을) 사러 가라는 소리는 아니지? 우선 연락이 늦었잖아. 지금 시간에는 내가 사러 못 가. 갑자기 무슨 소리야. 꼭 가져와.

야스오   도시락 갖다주고 오늘은 곧장 돌아올게. 그래도 괜찮지?

세이타로   됐어. 내일 구청에 연락해서 생활보호를 해제하겠어. 도시락 가져와. 누구 때문이든 아빠가 못 오게 되면 혼자 사는 것도 끝이라고 약속했잖아. 아버지의 지원이 없으면 성립할 수 없는 생활이야. 이제 불가능하다는 걸 알았으니 혼자 사는 건 끝이야. 내일 구청에 연락할 거야.

야스오   오늘은 바로 돌아와서 쉬게 해달라는 거잖아. 왜 말을 안 들어?

세이타로   됐어. 아빠가 없으면 불안해서 쉴 수가 없어. 이
　　　　게 한계야. 나도 한계라고. 아빠도 한계고. 이제 관두자,
　　　　이런 생활은.

야스오   어제 일도 있고 오늘 좀 쉬고 싶은 건 아빠만의 책
　　　　임이 아니잖아. 생활보호 얘기는 내일 천천히 하자. 오
　　　　늘은 일단 쉴게.

세이타로   누구의 책임도 아니지. 지금 내 상태로 혼자 자
　　　　는 건 불가능해. 하루도 안 돼. 아빠가 오늘 안 오면 내
　　　　일 아침에 일어나자마자 구청에 연락할 거야.

야스오   몸 상태가 회복되면 다시 정상적인 생활을 시작
　　　　하고 싶어. 아빠도 세이타로가 신경 쓰여서 옆에 있고
　　　　싶어.

세이타로   그러니까 내가 옆으로 간다고. 집으로 돌아갈래.
　　　　내 방 정리해 줘.

세이타로는 가족들이 자신을 두려워하며 거리를 두고 있다는 사실을 잘 알고 있었다. 그래서 별거를 그만두고 본가에 돌아가겠다고 말하면 자신의 주장을 받아들일 수밖에 없다는 것도 알았다. 야스오도 아내와 딸을 생각하면 강하게 거부할 수 없었다.

이런 가족 관계를 지역활동지원센터의 하야마 후미는 격

정하고 있었다. 재판에서 그녀는 이렇게 말했다.

이혼한 뒤 세이타로의 병이 이전보다 악화되긴 했지만, 항상 아무것도 할 수 없는 상태는 아니었습니다. 슈퍼에 갈 수 없다고 말하면서 혼자 옷을 사러 나간 적도 있어요. 몸상태가 안정적일 때는 지인이 경영하는 중국집에서 하루에 30분씩 설거지 아르바이트를 한 적도 있었습니다. 상태가 괜찮을 때 최소한의 일은 스스로 할 수 있었어요.

저는 아버님께 해달라는 대로 해주기만 하면 버릇이 잘못 들어서 좋지 않다고 말했습니다. 가사 도우미나 식사 배달 서비스를 이용하면 어떠냐고 제안한 적도 있습니다. 그렇지만 아버님은 결국 "세이타로가 본가로 돌아오고 싶다고 하는데 아내에 대한 폭력이 걱정이다. 그럴 바에는 내가 원룸에 가는 게 낫다"고 하면서 전부 혼자 감당했습니다. 가족을 지키겠다는 책임감이 너무 컸다고 생각합니다.

하야마는 이대로 가다가는 야스오가 망가져 버릴 것 같다고 걱정하면서 세이타로를 일시 입원시키면 어떠냐고 제안했다. 일시 입원이란, 가족의 간병 부담을 덜어 주기 위해 자택에서 요양 중인 환자를 기한을 정해서 입원시키는 조치를 말한다.

하야마의 설득을 받아들인 세이타로는 입원을 수락했다.

그러나 입원을 몇 차례 거듭하는 동안에도 세이타로는 한 번도 정해진 기한을 채우지 못했다.

가족에 따르면 병동에 입원하자마자 세이타로는 병실을 같이 쓰는 환자의 시선이나 간호사의 발소리가 신경 쓰인다며 신경질을 부렸다. 그리고 며칠 만에 "그만둘 거야! 이런 데 있을 순 없어! 지금 당장 집에 갈 거야!"라면서 의사나 간호사의 제지를 뿌리치고 병원을 나와 집으로 돌아갔다. 이런 일은 매번 반복되었다.

병원을 나온 세이타로를 야스오는 전과 마찬가지로 아무 말 없이 돌봤다. 처음에는 가족을 지킨다는 의식이 강했지만, 중간부터는 서로 떼려야 뗄 수 없는 관계가 되었던 것 같다. 법정에서 그는 이렇게 말했다.

부모로서 돌보는 것은 당연하다고 생각했습니다. 부모라면 자식을 소중히 여겨야죠. 힘들다는 생각도 들었지만 싫다고 생각한 적은 없습니다. 함께 이야기하는 게 즐거웠고, 그 아이도 저를 원했습니다. 저를 의지하며 무슨 일이든 이야기했습니다. 그 아이가 안심하면 그걸로 만족했습니다. 병원에서 "언제 행복하다고 생각하십니까?"라고 물으니 "아빠가 있어 줄 때"라고 대답했더군요. 그건 진심이었다고 생각합니다.

매일 저녁부터 자정 무렵까지 세이타로를 뒷바라지하면서도 야스오는 이런 부분에서 모종의 기쁨을 찾게 되었다. 바꿔 말하자면, 그렇게라도 하지 않으면 그토록 헌신적으로 돌볼 수 없었을 것이다.

2018년 들어 세이타로를 둘러싼 환경이 바뀌었다. 어느 날, 지역활동지원센터의 하야마 후미로부터 이런 말을 들은 것이다.

3월부로 지역활동지원센터를 정년퇴직하게 되었습니다. 긴 시간 감사했습니다. 앞으로는 다른 직원이 담당하게 될 테니 인수인계를 잘해 두겠습니다.

10년 가까이 세이타로를 담당했던 하야마는 세이타로에게 자신을 이해하고 응원해 주는 유일한 존재였다. 야스오나 리쓰코가 그때까지 어떻게든 버틸 수 있었던 것도 하야마의 지원이 있었기 때문이다. 가족들은 바다 한가운데 내던져진 기분이었다.

5월이 되자 센터에서 새 담당자가 결정되었다는 연락이 왔다. 면담을 하러 간 야스오와 리쓰코는 앞날이 걱정될 수밖에 없었다. 새 담당자가 나쁜 것은 아니었지만, 세이타로와 하루아침에 신뢰 관계를 쌓을 수 있을 리 없었다. 몇 년이 걸리더라도 신뢰가 쌓이기 전까진 가족들의 지원이 필요했다.

리쓰코는 자신도 모르게 신임 담당자에게 이렇게 말했다.

매일 세이타로가 집으로 돌아와 저를 공격할지 모른다는 두려움 속에서 살고 있어요. 그 애가 저를 죽일지도 몰라요.

새 담당자는 "힘내세요"라고 격려할 뿐이었다.

그다음 달에 야스오의 우려는 현실이 된다. 그날은 한여름처럼 무더웠다. 야스오는 평소처럼 청소 일을 마친 뒤 저녁 도시락을 챙겨서 세이타로가 사는 원룸으로 향했다. 세이타로는 도시락을 먹고도 신경이 바짝 곤두선다며 진정되지 않는 모양새였기에 야스오는 의자에 앉아 아들의 등을 부드럽게 쓰다듬었다.

잠시 뒤 세이타로의 상태가 급변했다. 호흡이 거칠어진 것 같더니 갑자기 야스오의 손을 뿌리치고 일어섰다. 얼굴은 무서울 정도로 험악해져 있었다.

"무슨 일이야? 괜찮아?"

"더 이상 못 살겠어! 안 돼!"

세이타로는 이렇게 외치며 야스오가 앉아 있던 의자를 발로 차서 넘어뜨렸다. 야스오는 바닥에 쓰러졌다. 당황한 야스

"나밖에는 가족을 지킬 사람이 없다"

오는 세이타로를 진정시키려 했다.

"세이타로! 알았으니까 진정해."

"못 살겠어! 못 살겠어!"

"등을 쓰다듬어 줄 테니까 다시 누워."

하지만 세이타로는 흥분이 진정되지 않는지 다시 숨을 거칠게 몰아쉬며 일어섰다. 야스오가 진정하라고 하자 세이타로는 갑자기 싸울 태세로 달려들었다.

야스오는 필사적으로 막았다.

"폭력은 나빠!"

그러나 세이타로는 거세게 저항했다. 위험을 느낀 야스오는 있는 힘껏 아들의 얼굴을 때렸다.

"그만하라고! 폭력은 쓰지 마!"

야스오는 이어서 말했다.

"진정해! 난동 피우지 마!"

세이타로는 기세가 꺾여서 팔을 내렸지만, 흥분이 진정되지 않는 듯 어깨를 들썩였다.

야스오는 소리를 질러 세이타로를 진정시키기는 했지만 내심 제정신이 아니었다. 지금까지 리쓰코에게 폭력을 행사하는 일은 있어도 자신에게는 아니었다. 세이타로에게 어떤 변화가 생기기 시작했다는 뜻일까? 일단 이곳을 벗어나는 편이 나을 것 같았다.

그는 짐을 챙겼다.

"아빠는 일단 집에 갈게. 알았지?"

이렇게 말하고 그는 그곳을 도망치듯 빠져나왔다.

방에 홀로 남겨진 세이타로는 자신이 저지른 일을 깨닫고 당황하기 시작했다. 아버지에게 버림받으면 혼자서 살아갈 수가 없었다. 그는 아버지를 쫓아가려고 원룸을 뛰쳐나갔지만, 이미 아버지의 모습은 보이지 않았다. 세이타로는 지나가던 택시를 잡아타고 본가로 향했다.

본가에는 세이타로가 먼저 도착했다. 현관문을 열려 했지만 문이 잠겨 있어 들어갈 수 없었다. 야스오가 도중에 리쓰코에게 전화를 걸어 원룸에서 있었던 일을 이야기하고 세이타로가 올지 모르니 문단속을 철저히 하라고 했던 것이다. 리쓰코는 숨을 죽인 채 안방에 숨어 있었다.

세이타로는 바로 옆에 위치한 가쓰요의 집을 찾았다. 그는 울먹이면서 현관에 나온 매제에게 직전에 있었던 일을 이야기했다. 자신이 아버지에게 폭력을 휘둘렀으며 그래서 혼이 났고, 용서를 빌기 위해 여기 온 것이라고 그는 말했다.

일단 울분을 토해 낸 세이타로는 다시 본가를 찾았다. 그리고 집 뒤편에서 방충망만 쳐진 창문을 발견하고는 그것을 열고 집 안으로 들어갔다.

이때 안방에서 세이타로가 들어오는 듯한 소리를 들은 리

"나밖에는 가족을 지킬 사람이 없다"

쓰코는 당황했다. 만약 문을 잠그고 있었다는 게 알려지면 죽을지도 모른다. 그녀는 화장실에 있었던 것처럼 가장하고 아무렇지도 않은 척 거실로 나갔다. 세이타로는 소파에 앉아 있었다.

"어머, 세이타로. 집에 왔었네. 깜짝 놀랐잖아. 나 화장실에 있었거든."

세이타로는 아무 말도 하지 않은 채 소파에 앉아서 온몸을 떨며 머리를 감싸 쥐고 있었다. 어딘가 이상했다.

"무슨 일이야, 세이타로?"

세이타로는 눈에 눈물이 가득한 채 말했다.

"어떡하지? 아빠랑 싸웠어."

"어쩌다가?"

"그건, 그건 아빠가 먼저 때렸어!"

리쓰코는 담담하게 말했다.

"그랬구나. 아빠도 조금 있으면 도착할 거니까 내가 얘기해 볼게. 다 같이 이야기하면 이해할 거야."

"아빠는 말 안 할지도 몰라."

"괜찮으니까 걱정 마. 내가 잘 중재할게."

그렇게 말하면서도 리쓰코는 세이타로가 언제 화를 참지 못하고 난동을 부릴지 신경이 쓰였다.

그날, 야스오가 집으로 돌아온 뒤 셋은 거실에 모여 이야기를 나눴고, 원룸에서의 일은 양쪽 모두 잘못했다고 인정하며 화해했다.

하지만 야스오에게는 앞으로의 일에 대한 불안감이 남아 있었고, 이는 세이타로 역시 마찬가지였던 것 같다. 설마 자신이 아버지에게 해를 가할 줄은 몰랐던 모양인지 이튿날 세이타로는 정년퇴직한 하야마에게 다음과 같은 메일을 보냈다.

어제 원룸에서 아빠랑 크게 싸웠어. …… 요즘 사는 게 힘들어. 정말 힘들어. 샤워하는 것도, 면도하는 것도, 손톱 깎는 것도, 빨래도 다 힘들어. 죽고 싶어서 병원에 전화도 했어. 25년이나 계속된 투병 생활에 지쳤어. 병원을 몇 번 바꿔 봤는데도 낫지를 않아. 그리고 조현병이라는 소리를 듣고 충격받았어. 매일 사는 게 괴로워. 더 이상 걷고 싶지 않아. 더 이상 살고 싶지 않아.

세이타로는 투병 생활에 지쳐 버린 것이다. 아버지와의 관계가 어긋나면서 세이타로의 삶도 무너지기 직전이었다. 암흑 같은 절망 속에서 허우적거리며 그는 괴로워하고 있었다.

이 무렵 야스오에게 보낸 문자를 보면 그 괴로움의 정도를 어느 정도 짐작해 볼 수 있다.

"나밖에는 가족을 지킬 사람이 없다"

아빠 몇 시에 와? 불안해. 불안해. 불안. 불안. 불안. 불안. 불안. 불안. 불안해. 불안. 불안. 불안. 불안. 불안.

몸이 안 좋아. 불안해. 또 소리 지르고 싶어. 피곤해. 불안해. 피곤해. 힘들어. 힘들어. 힘들어.

불안해. 불안해. 불안해. 불안해. 불안해. 온몸이 가려워. 날씨가 더워서 더 가려워. 가려워. 가려워. 지금 당장 피부과에 가줘. 약이 잘못됐어. 탈리온[항히스타민제의 일종]은 한 번에 하나가 아니라 두 개야.

피부과에 가서 병원 갈 때부터 그랬다고 얘기해 줘. 직접 진찰받고 선생님한테 물어봐 줘. 그러니까 탈리온이 잘못된 거야. 피부과는 6시까지니까 약 챙겨서 빨리 피부과 갔다 와.

빨리. 어디 있는 거야. 당장. 6시까지 다시 피부과 가라고. 빨리. 뭐하는 거야. 의사 말만 듣지 마. 몇 번이나 틀린 거잖아. 약 놔두고 가지 마. 빨리 갔다 와. 저녁 늦어져.

이 같은 문자를 보냈을 때 세이타로의 상태는 정상이 아니었던 것 같다.

야스오는 문자를 통해 아들의 병세가 악화되고 있음을 느낄 때마다 막막해졌다. 지금까지는 할 만큼 했지만, 이제 혼자서는 방법이 없었다. 가족에게 위험이 닥치는 것은 시간문제가 아닐까? 날마다 초조함이 더해 갔다.

원룸에서 다투고 한 달이 지난 7월, 가쓰요의 집에서 생일 파티가 열렸다. 가쓰요는 아이가 넷이었는데, 생일이면 가족이 모두 모여 축하를 해주는 것이 관례였다. 7월에는 세이타로의 생일도 있어서 그것을 축하하는 파티도 겸한 자리였다.

이날 파티는 아이들이 주인공이 되어 즐거운 분위기였다. 맛있는 음식들이 있었고, 가쓰요의 가족뿐 아니라 야스오와 리쓰코 역시 오랜만에 큰 소리로 웃으며 즐거운 시간을 보냈다. 아이들도 케이크와 생일 선물을 보고 기뻐했다.

파티가 끝난 뒤 세이타로는 야스오, 리쓰코와 함께 본가에 들렀다. 그런데 가쓰요의 집에서는 얌전했던 그가 본가의 현관에 들어서자마자 화가 치미는 듯 혼잣말을 시작했다. 야스오가 이유를 묻자 세이타로는 미간을 찌푸리며 말했다.

"왜 가쓰오네 가족은 저렇게 행복하지? 다 죽여 버리고 싶어!"

"죽여 버린다니, 그게 무슨 소리야?"

"그러니까 죽여 버리고 싶다고! 몰라? 죽일 거야. 애들도 용서 못 해."

스스로의 처지와 비교해서 가쓰요 가족의 행복한 모습을 두고 볼 수 없다는 것이었다. 야스오는 "죽인다"는 말을 듣고 가슴이 철렁 내려앉았다.

이튿날에도 세이타로는 화가 가라앉지 않는 듯 마찬가지로 가쓰요 가족을 시샘하는 말들을 입에 담았다. 평소에는 마음에 들지 않는 일이 있어도 하룻밤만 지나면 까맣게 잊곤 했는데, 이번에는 이틀이 지나도 사흘이 지나도 가쓰요 가족에 대한 공격적인 언사를 그치지 않았다.

야스오는 세이타로가 정말로 가쓰요 가족에게 해를 가할까 봐 신경이 쓰여서 음식도 제대로 먹지 못하고 잠도 제대로 이룰 수 없었다.

이 무렵 세이타로는 하야마에게 한 통의 메일을 보낸다.

덥네. 마음의 병이 안정되지 않는 시간이 많아서 힘들어. 옆에 가쓰요네 가족이 있어서 더 힘들어. 내 마음대로 화를 내고 싶은데, 들을까 봐 그럴 수가 없어. 내 마음대로 화를 내고 싶어. 가쓰요가 없어지면 좋겠어.

그리고 가쓰요네 집에 가면 가족사진이 많아. 그걸 보고 부럽다는 생각이 들고 화가 나. 나도 이런 가족이 있으면 좋겠다는 생각이 들어.

이건 병 때문일까? 가쓰요 가족이 있는 건 기쁘긴 한데,

부러움이나 화도 생겨서 힘들어.

이 메일을 보면 세이타로가 아직은 스스로를 객관적으로 파악하고 있었던 것처럼 보인다. 아마 "죽여 버린다"라는 말은 감정적으로 내뱉은 말이었을 것이다.

그러나 야스오는 딸과 손주들에 대한 걱정 때문에 이를 말 그대로의 의미로 받아들이고 말았다. 그 역시 평상심을 잃어 가고 있었기에 당장이라도 세이타로가 손주들을 죽이러 올 것 같은 기분이 들었고, 자주 딸의 집을 찾아가 세이타로가 손주들에게 접근하지 못하도록 하라고 주의를 주었다.

'나밖에는 가족을 지킬 사람이 없다.'

야스오의 머릿속은 이런 사명감으로 가득 차 다른 생각은 할 수 없었다.

7월 17일, 도쿄의 최고기온은 35도를 넘었다. 오후 5시, 야스오는 일을 마치고 집으로 돌아왔다. 피로에 불면까지 겹쳐 녹초가 되었지만, 볼일이 있어서 세이타로가 본가로 오기로 한 날이었다.

거실에 들어선 야스오는 눈앞에 펼쳐진 광경을 보고 기겁했다. 세이타로가 파랗게 질려서 방 안을 우왕좌왕하고 있었던 것이다.

무슨 일이냐고 물으니 세이타로는 이렇게 대답했다.

"에어컨이 이상해. 작동을 안 해. 왜 이러지? 왜 이러지?"

야스오는 가슴을 쓸어내렸지만, 아직 방심할 수 없었다. 야스오는 경계심을 풀지 않은 채 세이타로와 함께 리모컨 건전지를 교체하고 에어컨 전원을 껐다 켰다 해봤지만 고쳐지지 않았다.

오후 7시, 외출 중이던 리쓰코가 귀가했다. 리쓰코는 세이타로가 있는 것을 보고 주저앉을 뻔했다. 세이타로가 앞에 있는 것만으로도 가정 폭력의 악몽이 떠올라 온몸이 굳어 버린 것이다. 그 심정을 잘 알고 있던 야스오는 세이타로에게 말했다.

"아빠랑 같이 2층에 가자."

"왜?"

"방에서 리모컨을 고쳐 보자."

세이타로는 싫은 기색 없이 "응"이라고 대답한 뒤 2층에 있던 자신의 방으로 갔다.

방에서 야스오와 세이타로는 한동안 대화를 나누었다. 평소처럼 야스오는 일방적으로 이야기하는 세이타로에게 맞장구를 쳐주었다.

한 시간쯤 지나서 세이타로가 말했다.

"아빠, 목말라."

"그렇구나."

"내려가서 물 좀 마실게."

세이타로는 그렇게 말하고 방을 나갔다.

야스오가 기다리고 있는데, 갑자기 1층에서 비명 소리가 들렸다. 리쓰코의 목소리였다. 당황한 야스오가 계단을 내려가자 리쓰코가 얼굴을 감싸고 바닥에 주저앉아 있었다.

"리쓰코! 무슨 일이야!"

리쓰코는 울고 있을 뿐이었다. 옆에는 세이타로가 우두커니 서있었다.

"무슨 일이야? 왜 울어?"

"부엌에 있는데 세이타로가 갑자기 때렸어."

물을 마시러 간 세이타로가 갑자기 얼굴을 때린 것이었다. 그녀의 얼굴 한쪽이 벌겋게 부어 있었다.

야스오는 리쓰코를 껴안고 말했다.

"병원 갈까?"

"내일 갈게. 오늘은 늦었으니까."

그 말을 들은 세이타로가 외쳤다.

"병원 가면 내가 엄마 때렸다고 말할 거지?"

리쓰코가 파랗게 질렸다. 세이타로가 말했다.

"그럼 나 경찰에 잡히잖아! 엄마, 절대로 내가 그랬다고 하지 마. 만약에 엄마가 말해서 경찰에 잡히면, 나와서 엄마 죽일 거야!”

야스오는 세이타로를 제지했다.

“알았어. 아빠는 엄마랑 얘기 좀 할게. 오늘은 원룸에 돌아가 있어.”

“싫어! 집에 있을 거야!”

“안 돼. 돌아가.”

“싫어! 절대 안 갈 거야!”

“알았어. 그럼 2층 방에 가있어. 지금 여기 있으면 안 돼.”

세이타로는 화가 난 듯 쿵쾅거리며 계단을 올랐다.

그날 밤, 야스오는 세이타로를 방에서 나오지 못하게 한 뒤 자신은 1층에서 리쓰코 옆에 있기로 했다. 리쓰코는 맞은 부위가 부어 있었고, 아들에 대한 공포로 인해 몸을 사시나무 떨듯 떨었다. 야스오는 그런 아내를 위로하며 가족이 붕괴 직전의 상태에 있음을 인정하지 않을 수 없었다.

오후 11시 15분, 2층에 있던 세이타로가 내려오는 소리가 들렸다. 수면제를 가지러 온 것이다. 발소리를 들은 리쓰코는 어쩔 줄 몰라 했다. 자신을 다시 때리러 온 줄 알았던 것이다.

야스오는 아내가 망가지는 건 시간문제라는 생각이 들었다. 상황은 날마다 악화될 뿐이다. 이런 생활이 앞으로 몇 년, 몇십 년 계속될까?

그는 리쓰코에게 물었다.

"괜찮아?"

리쓰코는 이가 부딪히는 소리가 들릴 정도로 심하게 떨고 있었다.

"내일 병원에 가자."

"응, 그래. 세이타로가 평소보다 더 이상해. 의사 선생님도 이해해 줄 거야. 솔직히 다 말할게."

"그래."

그러나 병원에서 사실대로 말했다는 사실을 알게 되면 세이타로는 어떻게 나올까? 리쓰코뿐만 아니라 가쓰요나 손주들까지 죽이려 하지 않을까?

생각을 비우려 욕실에 갔지만, 샤워를 하는 동안에도 위기감은 점점 더 커질 뿐이었다.

이때의 심정을 그는 재판에서 이렇게 회상했다.

그날 밤 아내는 정말 힘들어 보였어요. 당시 우울증까지 있어서 이러다 자살하는 건 아닐까 걱정이었는데, 세이타로가 폭력을 휘두른 뒤의 모습을 보고 확신했습니다. 그렇다면 제 손으로 아내를 지킬 수밖에 없다고 생각했습니다. 욕실을 나와서 계속 그 생각만 했습니다.

이러다 리쓰코는 견디지 못하고 자살하게 될 것이다. 아니면 세이타로가 리쓰코를 죽일 것이다. 그렇다면 그 전에 자신의 손으로 세이타로를 죽일 수밖에 없다.

평상심을 잃은 야스오는 그렇게 생각할 수밖에 없었다. 그래도 세이타로가 사랑하는 아들임은 변함없다. 죽인다면 될 수 있는 한 편하게 죽게 하고 싶었다. 야스오는 고민 끝에 수면제의 효과로 가장 깊이 잠든 시간을 택했다. 그것이 그가 부모로서 할 수 있는 마지막 배려였다.

결심을 굳힌 그는 일단 침실로 돌아가 얕은 잠을 자다가 새벽 3시에 일어났다. 잠을 자고 일어나도 결심은 조금도 흔들리지 않았다. 목을 조를 도구를 찾다가 전기 주전자 코드를 발견했다.

거실로 나가 귀를 기울여 보니 2층은 조용했다. 계단을 올라가 방문을 열었다. 세이타로는 누워서 코를 골고 있었다. 수면제가 효과를 발휘한 모양이었다.

야스오는 머리맡에 앉아서 자는 아들의 얼굴을 바라봤다. 예전에 세이타로가 삶의 의미를 물었을 때 그는 이렇게 대답한 적이 있었다.

살아 있는 사람은 다 가치가 있다고 생각해. 사람이라면 누구나 병이나 이런저런 문제를 갖고 살아. 그리고 그 문제는 사람마다 다르지. 서로 비교할 수 없어. 어떻게 살아가는가가 문제야. 살다 보면 반드시 누군가에게는 용기를 줄 것이고 그래서 가치 있는 삶이 될 수 있다고 생각해.

지금까지 야스오는 이런 신념으로 세이타로의 생활을 지원하고 있었던 것이다. 하지만 그것도 오늘로 끝이다. 아버지로서 아내와 딸, 그리고 어린 손주들의 목숨을 지키기 위해 죽일 수밖에 없다.

야스오는 가져온 코드를 세이타로의 목에 감았다. 자고 있는 세이타로는 전혀 의식이 없는 듯했다. 야스오는 두 손으로 코드를 꽉 잡고 있는 힘껏 잡아당겼다. 코드는 끼익 하는 소리를 내며 목을 파고들었다.

코 고는 소리가 멈췄나 싶더니 세이타로가 갑자기 상반신을 비틀며 일어나려 했다. 더 힘을 주면서 잡아당기자 몸은 다시 이불 속으로 파묻혔다. 빨리 끝내자. 기도하는 심정으로 그는 목을 졸랐다.

3, 4분쯤 지났을까, 야스오는 세이타로의 온몸에서 힘이 빠졌다는 사실을 깨닫고 손에서 힘을 풀었다. 반듯이 누운 세이타로는 더 이상 숨을 쉬지 않았다. 다 끝난 것이다.

야스오는 코드를 그 자리에 둔 채 머리맡에 주저앉아 30분쯤 죽은 아들의 얼굴을 바라보았다. 그가 무슨 생각을 했는지는 알 수 없다. 그간의 고뇌를 반추했던 걸까? 아니면 세이타로의 명복을 빌었던 걸까?

새벽 4시, 야스오는 2층 방을 나와 1층 침실로 내려갔다. 문을 열자 부은 얼굴의 리쓰코가 새근거리며 잠들어 있었다.

야스오는 말했다.

"걱정 마. 다 끝났어."

남편의 목소리에 그녀는 눈을 떴다. 아들에게 맞은 얼굴이 욱신거렸다. 잠이 덜 깬 눈을 비비며 리쓰코가 말했다.

"무슨 일이야?"

"자수할 거야. 걱정 마."

리쓰코는 "자수"라는 말에 심장이 덜컥 내려앉았다. 하지만 무슨 일인지 알 수 없었다.

그러는 동안 야스오는 안경과 가방을 챙긴 뒤 휴대전화로 통화를 시작했다. 리쓰코는 별안간 전기 주전자의 코드가 없어졌다는 사실을 깨달았다. 뭔가 끔찍한 예감이 들었다.

"여보, 전기 주전자 코드가 없는데…….."

"응, 맞아."

야스오는 그렇게 대답할 뿐이었다.

잠시 후 집 앞에 택시가 왔다. 택시를 부르기 위해 전화를 걸었던 것이다.

"어디 가?"

"경찰서."

"겨, 경찰?"

"다녀올게."

야스오는 그렇게 말하고 가방을 들고 택시에 탔다.

집에 남겨진 리쓰코에게 형사로부터 전화가 걸려온 것은 수십 분 뒤였다.

"구스모토 야스오 씨 댁이죠? 조금 전에 야스오 씨가 경찰에 자수하러 왔습니다. 아드님을 살해했다고 합니다. 죄송하지만, 2층 아드님 방에 가서 확인해 주실 수 있겠습니까?"

이 전화를 받고 리쓰코는 남편이 세이타로를 살해했다는 사실을 알았다.

반년이 지난 겨울, 재판이 열렸다.

야스오는 자수했고, 살해 의도와 범행 사실을 인정했기 때문에 쟁점은 양형뿐이었다. 변호사 옆에서 양복을 입고 안경을 쓴 채 자세를 바로잡는 모습이 왕년의 교사 시절을 상상하게 만들었다.

재판관과 배심원이 의문을 가진 점은 왜 야스오가 혼자서 모든 것을 짊어지고 범행에 이르렀는가였다. 병원 등을 비롯해 의지할 곳이 있지 않았을까?

야스오는 다음과 같이 설명했다.

세이타로는 열다섯 살 때부터 수도 없이 병원을 찾았습니다. 가는 곳마다 많은 약을 처방받고 열심히 치료를 받았죠. 부작용 때문에 괴로워한 적도 있고요. 근데 20년이 지나 다른 의사가 조현병이었다고 진단을 뒤바꿔 버렸습니다. 그런 세이타로에게 의사를 믿고 제대로 치료를 받으라고 할 수 없었습니다. 일시 입원도 다른 사람과 함께 있으면 강박증이 커져서 역효과였습니다. 병원에서 돌아오면 매번 증상이 악화돼 진정시키기 바빴습니다.

오랜 세월 동안 병원으로부터 배신당했던 탓에 그에 대한 기대를 잃었다는 것이다. 그렇다면 경찰에 가정 폭력에 대해 상담하지 않은 것은 왜일까? 야스오는 다음과 같이 설명했다.

세이타로가 폭력을 휘두른 원인은 마음의 병이었습니다. 그래서 경찰에 신고해서 체포하게 한다고 해서 좋아지리라는 보장은 없었습니다. 여러모로 복잡해질 뿐이었습니다. 그럴 바에는 제가 옆에서 보살피면서 원룸에서 자유롭게 지내게 하는 편이 낫다고 생각했습니다. 결과적으로 이런 사건이 벌어진 이상, 다 제 잘못입니다.

야스오는 그런 과정을 거쳐 병원이나 경찰에 의지하지 않고 혼자서 세이타로를 보살피겠다고 결정했던 것이다. 그리고 그 결정은 살인으로 귀결되었다.

한편, 사건에 대해 가족들은 어떻게 생각했을까?

먼저 리쓰코는 남편이 우려한 자살 충동에 대해 다음과 같이 증언했다.

저는 아들에게 맞고 사는 비참한 처지를 피하고 싶었습니다. 그렇지만 그 아이를 놔두고 죽을 수는 없었습니다. 외로울 테니까요. 그래서 죽을 거면 다른 사람들에게 폐를 끼치지 않도록 그 아이와 같이 죽을 생각이었습니다. 하지만 방법을 몰랐습니다.

리쓰코는 세이타로와 함께 죽을 생각이었다. 그 점에서 야스오의 예상은 틀리지 않았다. 리쓰코는 사건에 대해 이렇게 말했다.

세이타로는 저를 때릴 때마다 "날 왜 이렇게 낳았어"라고 했습니다. 제 뜻대로 살 수 없어서 괴로웠을 거예요. 저는 "미안해, 미안해"라는 말밖에 할 수 없었습니다. 이제 와서 이런 말 해봐야 아무 소용없겠지만 그 애도, 저도, 남편도 매 순간 최선을 다했다고 생각합니다. 무엇이 옳았고 무엇이 잘못된 건지 지금도 판단이 서질 않습니다. 그러면서도 저희를 열심히 돌봐 온 남편이 이렇게 돼서 아직도 무슨 말을 해야 할지 모르겠습니다.

리쓰코는 지금껏 버틸 수 있었던 것은 남편 덕이었고, 그때는 다른 선택지가 없었다고 생각하고 있었다. 그래서 남편에게 모든 책임을 지우게 된 것에 죄책감을 느끼고 있었다.

딸 가쓰요는 어땠을까?

가쓰요가 사건을 알게 된 것은 날이 밝은 뒤였다. 경찰이 집으로 찾아와 사건에 대해 설명했던 것이다. 그녀는 소식을 듣고 "저도 모르게 안심했습니다"라고 솔직히 말했다. 이유는 다음과 같다.

오빠는 병을 앓고 있는 환자였지만 동시에 가족에게 폭력을 휘두르는 범죄자이기도 했습니다. 그래서 언젠가 사건을 일으키지 않을까, 언젠가 어머니가 죽지 않을까, 언젠가 우리 애들이 당하지 않을까 떨면서 살았습니다. 오빠가 난동을 부리며 칼을 들고 나온 적도 있습니다. 그래서 오빠가 죽었다는 이야기를 들었을 때, 공포로부터 해방된 기분이 들어 안심했습니다.

한편, 이렇게도 말했다.

아버지는 불평 한마디 없이 혼자서 모든 걸 다 떠안고 오빠를 돌봤습니다. 아버지로서는 당신이 하지 않으면 어머니가 희생당한다는 생각이 있었을 겁니다. 그 점에 대해서는 아버지와 상의해서 해결책을 함께 고민할 수는 없었을까 반성도 합니다. 지금까지 아버지만 고생하면서 오빠를 위해 헌신했으니 앞으로는 어머니와 함께 편히 지내시면 좋겠습니다.

이것이 아마 솔직한 심정일 것이다.

증언을 들은 뒤, 검찰은 징역 5년을 구형했고, 변호인은 집행유예를 요구했다. 재판관과 배심원이 내린 1심 판결은 징역 2년. 궁지에 몰린 야스오의 사정은 이해할 수 있지만, 세이타로는 잠든 상태였고, 리쓰코도 다음 날 병원에 가겠다고 말했기 때문에 범행을 피할 수 없는 "절박한 상황은 아니었다"는 게 집행유예가 아닌 실형이 내려진 이유였다.

재판이 끝난 뒤, 방청석의 리쓰코는 망연자실한 표정으로 허공을 응시하고 있었다.

2

돌봄 포기

"배가 고프면 먹을 줄 알았어요"

사건은 2014년 7월 초, 도쿄의 8층짜리 아파트에서 벌어졌다. 이 아파트의 6층에 위치한 방 세 개짜리 집에는 집 소유주인 64세 어머니와 결혼하지 않은 30대 초반의 딸 둘이 함께 살고 있었다.

일요일 6시 반, 이 아파트에서 119 신고가 들어왔다. 전화를 건 사람은 서른 살 둘째였다.

"어머니가 죽은 것 같아요."

어머니는 오랫동안 병을 앓으며 집에서 요양 중이었다고 한다.

10분 만에 도착한 구급대원들을 현관에서 맞은 건 둘째였다. 그녀는 어머니가 집 안에 쓰러져 있다고 말했다. 구급대원들이 안으로 들어가 보니 거실에서는 숨을 쉬기 힘들 정도로 냄새가 났다.

둘째는 안쪽 방을 가리켰다.

"어머니는 저쪽이에요."

방에 들어간 대원들은 눈을 의심했다. 이불과 바닥은 분뇨로 얼룩져 있었고, 곳곳에 쓰레기가 쌓여 있었다.

방 한가운데에는 노년의 여성이 반듯이 누워 있었다. 몸은 깡말랐고 손발은 마른 가지처럼 가늘었다. 몸 곳곳에는 욕창 흔적이 있었다.

"이분이 어머님입니까?"

"네⋯⋯."

노인은 심정지 상태로 숨을 쉬지 않았다. 몸은 차가웠고 사망에 이른 지 꽤 오랜 시간이 지난 것 같았다.

시체 상태를 본 구급대원은 불길한 예감이 들었지만 매뉴얼대로 대처하기로 했다. 사망이 명백한 경우에는 병원에 이송하는 대신 경찰에 신고하기로 되어 있었다.

대원 중 한 사람이 경찰에 연락하는 동안 다른 대원이 둘째에게 어머니의 건강 상태나 발견 당시 상황에 대해 물었다. 하지만 대답은 하나같이 애매했다. 요 며칠 상태가 어땠는지, 사인은 뭐라고 생각하는지, 어느 병원에 다니고 있었는지, 모든 것이 불분명했다.

현장에 도착한 경찰은 시신을 경찰서로 이송했고, 그날 밤 부검이 이루어졌다. 그 결과 구급대원의 의심이 맞았음이 밝혀졌다. 사인은 극도의 영양실조, 즉 아사였다. 150센티미터의 키에 몸무게는 불과 23킬로그램. 지방조직이 극도로 감소한 탓에 뇌의 해마까지 위축되어 있었다.

30대 자식이 둘이나 같이 살고 있었음에도 왜 어머니는 굶어 죽어야만 했을까? 왜 이렇게 되기 전에 병원에 데려가지 않았을까?

경찰은 자식들에게 의심의 눈초리를 보내며 취조를 시작했다. 가정이라는 고립된 장소에서 무슨 일이 일어났는지를 밝히기 위해서는 둘의 주장뿐 아니라 물증을 모아야 했다. 수사에는 오랜 시간과 끈기가 필요했다.

두 사람이 어머니에 대한 '보호책임자 유기치사죄' 혐의로 체포된 것은 2년 반이 지난 뒤였다.

사건이 일어나기 30년 전인 1980년대, 요코이 일가는 가나가와현의 바닷가 근처에서 살고 있었다. 아버지 다다오는 자동차 회사에서 기술자로 일했고 어머니 후지코는 전업주부였다. 둘 사이에는 아스카와 히로미라는 두 살 터울 자매가 있었다. 부부는 사이가 좋았고 자식들도 든든한 아버지를 좋아했다.

가족에게는 걱정거리가 하나 있었다. 다다오는 젊은 시절부터 B형간염을 앓았고, 종종 몸 상태가 좋지 않아 입원을 하기도 했다. 일반적으로 이 질환의 80, 90퍼센트는 생명에 지장 없이 지낼 수 있지만, 그의 상태는 매년 악화됐다.

다다오가 요양 중일 때, 후지코는 가사와 육아뿐 아니라 남편의 간병까지 도맡아야 했다. 그 부담은 상당히 컸지만 도쿄의 친정은 멀리 있었기 때문에 쉽게 도움을 청할 수도 없었다.

아스카에 따르면 후지코는 까다로운 성격이었다.

어머니는 결벽증이 굉장히 심했습니다. 물건이 조금이라도 어질러져 있으면 있어서는 안 될 일처럼 소리를 지르면서 화를 냈죠. 첫째인 저한테는 특히 엄격해서 책상 위에 뭐라도 놔두면 큰소리로 혼이 났어요. 옷 같은 것도 차곡차곡 개놓지 않으면 안 되었고요. 어머니는 정신적으로 강했던 분은 아니었다고 생각해요. 오히려 무척이나 나약한 부분이 있어서 아버지에게 의존했던 거죠. 그래서 아버지가 몸이 안 좋아져서 의지할 수 없게 되니 정신적으로 힘들고 스트레스도 컸던 것 같습니다.

후지코는 사람 만나는 것도 싫어해서 관공서나 민간단체의 지원에 의지하는 일도 없었던 것 같다.

그러던 어느 날, 가족에게 비보가 전해진다. 다다오의 병이 악화되어 정밀 검사를 받은 결과 간암이 발견된 것이다. 의사는 시한부를 선고했다.

아스카가 초등학교 3학년, 히로미가 1학년 때였다. 다다오는 뒷일을 생각해서 도쿄에 있는 회사 근처로 이사를 했다. 가족을 위해 출퇴근 시간을 절약해서 몸의 부담을 줄이고, 하루라도 더 일해서 저축을 해야 했다. 후지코도 만약을 대비해

금융기관에서 아르바이트를 시작했다.

후지코는 정신없이 일과 가사에 몰두했지만, 정신적 피로가 가중되면서 몸 상태가 안 좋다는 이야기를 자주 했다. 그러다 어느 날 갑자기 한계에 부딪힌 듯 이불에서 나올 수 없게 되었다. 1, 2주쯤 지나서 회복이 됐지만, 얼마 지나지 않아 또 같은 일이 벌어졌고 그런 일이 몇 번이나 반복되었다.

어머니가 누워 있을 때, 집안일을 한 것은 초등학생이던 아스카와 히로미였다. 방과 후에 친구들이 노는 동안, 아스카와 히로미는 서둘러 돌아와 집 안을 청소하고, 장을 보고, 어머니를 돌봤다. 둘째 히로미는 친구의 어머니를 볼 때마다 '다른 집 어머니는 건강한데 왜 우리 집만 그렇지 않은 걸까?' 생각하며 외로움을 느꼈다고 한다.

네 가족의 생활이 막을 내린 것은 1997년 1월의 일이다. 간암이 손을 쓸 수 없을 만큼 악화된 다다오가 49세로 사망했다. 아스카는 중학교 3학년, 히로미는 1학년이었다.

가족들 중에서도 후지코의 슬픔은 특히 깊었다. 연일 아침부터 밤까지 울부짖으며 음식도 전혀 손대지 않았다. 자식들 눈에는 폐인이 된 것처럼 보였다.

아스카는 당시를 이렇게 이야기한다.

아버지가 돌아가셨을 때, 어머니는 우리가 말을 걸어도 대답을 못 할 정도로 낙심했습니다. 예전에도 상태가 안 좋은 적이 있긴 했지만, 이번에는 다시 회복할 수 없을지도 모른 다는 생각이 들 정도였어요. 어느 날 보니 방 안에서 아버 지 유골 앞에 멍하니 앉아 있더라고요. 말을 걸었더니 절망 에 빠진 목소리로 말했어요.

"사는 게 힘들어. …… 셋이서 같이 죽을까?"

저는 동생을 지켜야 했기에 필사적으로 다시 생각해 달라고 부탁했어요. 셋이서 죽으면 하늘에서 아버지가 슬 퍼할 테니 그런 생각 하지 말고 힘내자고.

아스카는 공부도 뒷전으로 미루고 자살을 생각하는 어머 니를 설득했다. 덕분에 후지코도 조금씩 기운을 되찾았다.

절망의 구렁텅이에서 벗어난 후지코는 생활을 위해 다시 아르바이트를 시작했지만, 무너진 마음이 원래대로 되돌아오 지는 않았다. 몇 개월 후 상태가 다시 악화되어 집에 틀어박혔 고 1, 2주 만에 밖으로 나갈 수 있게 되어 새 아르바이트를 찾 아도 조금 지나면 다시 집에서 나오지 못하고 누워 버렸다. 이 런 일은 몇 달을 주기로 반복되었다.

그런 상황을 보다 못한 어머니의 친구가 후지코를 설득해 서 정신과에 데려갔다. 누가 봐도 병원의 도움을 받을 수밖에 없는 상황이었던 것이다.

"배가 고프면 먹을 줄 알았어요"

의사는 이렇게 진단했다.

우울증 같네요. 몸이 피곤하거나 의욕이 안 생기는 것도 우울증 때문입니다. 약을 처방해 드리겠습니다.

남편의 죽음이 후지코의 정신을 망가뜨렸던 것이다.

이날 이후 후지코는 한 달에 한 번씩 정신과를 방문하고 항우울제를 복용했다. 병원 기록에 따르면 남편이 죽은 해에는 15회, 이듬해에는 14회, 그다음 해에는 10회에 걸쳐 진료를 받았다. 우울증을 자각하고부터는 치료에 전념한 것으로 보인다.

후지코는 약을 먹고 일을 할 수 있게 되었지만, 자식들에게 화풀이를 하는 일은 전보다 잦아졌다. 특히 학업 문제에 대해 자주 화를 냈고, 조금이라도 노는 것처럼 보이면 격분해서 소리를 질렀다.

"난 우울증 치료에 일까지 하면서 너희를 고등학교에 보내고 있어! 열심히 공부해서 일류 대학 가서 대기업에 취직하라고!"

그녀는 죽은 남편을 대신해서 아이들은 훌륭하게 키워야 한다는 책임감에 시달렸는지도 모른다.

아스카와 히로미는 어머니의 기대에 부응하기 위해 밤낮으로 공부했다. 그러나 후지코가 내건 목표는 높았고, 아무리 노력해도 인정받을 수 없었다. 시험 점수를 확인하거나 진로 상담을 하고 올 때마다 어머니는 입에 거품을 물고 말했다.

"이런 점수로 노력했다고 하는 거야? 너 같은 애는 이 집에 필요 없어. 당장 나가!"

매일 모진 말을 듣던 아스카는 점점 어머니가 성가시게 느껴졌다. 그녀는 말한다.

어머니는 매일 제게 화풀이를 했던 것 같아요. 동생에게는 거의 아무 말도 안 하면서 저한테만 화를 냈어요. 공부뿐만 아니라 방 청소 같은 것도 자질구레한 것까지 어쩌니 저쩌니 하면서 야단을 쳤어요. 옷소매 모양이 이상하다, 가전제품에 작은 흠이 났다 뭐 이러면서요. 게다가 단순히 야단치는 정도가 아니라 "너 같은 걸 낳는 게 아니었어!" "눈앞에서 사라져 버려!" 이런 식으로 소리를 지르면서 제 존재를 부정하는 말까지 했어요. 그런 폭언을 듣다가 저까지 우울증에 걸릴 것 같았죠.

아스카는 여태 맏이로서 집안을 지켰는데 왜 그런 말까지 들어야 하나 싶었다. 그리고 어머니에 대한 불만은 사춘기의 반항심까지 겹쳐 증오로 변해 간다. 둘 사이가 결정적으로 벌어진 것은 고등학교를 졸업할 무렵이었다.

어느 날 자기 방에서 느긋하게 쉬고 있는 아스카를 후지코가 보더니 큰소리로 화를 냈다.

"방 더러운 것 좀 봐! 이렇게 정리정돈 안 할 거면 앞으로 네 일은 네가 알아서 해. 난 아무것도 안 할 거니까."

그때부터 후지코는 아스카에게 밥도 차려 주지 않고, 빨래도 해주지 않았을 뿐만 아니라 말도 걸지 않았다. 같은 집에 살긴 했지만 따로 사는 것이나 다를 바 없었다.

아스카는 고등학생 신분으로 아르바이트를 하며 생활비를 벌어야만 했다. 아르바이트로 번 돈은 다달이 식비와 일용품, 참고서 비용 등으로 빠져나갔다. 빨래와 다림질 역시 스스로 했다.

그녀는 말한다.

집에서 어머니와는 남남처럼 눈도 마주치는 일이 없었어요. 생활비도 따로 계산한다면서 전기 요금, 수도 요금, 가스 요금 중에서 제가 쓴 만큼 내라고 했어요. 냉장고도 어머니와 동생이 쓰는 칸과 저만 쓰는 칸이 나눠져 있었어요.

어머니는 동생한테는 너그러웠어요. 밥도 해주고, 빨래도 해주고, 용돈도 주고. 저와 동생에 대한 차별은 분명했어요. 그랬기 때문에 어머니에 대해서는 나도 모르겠다는 심정이었어요. 아프기도 했고. 무슨 말을 해도 안 통했으니 포기하는 편이 편했죠.

후지코가 이토록 집요하게 아스카를 홀대한 데는 정신적인 문제의 영향이 컸을 수 있다.

아스카는 도쿄의 유명 사립대학에 진학했다. 전국적으로도 유명한 명문대였지만 후지코는 칭찬 한마디 없었다. 이전과 마찬가지로 말끝마다 "당장 나가"라거나 "이 집에는 필요 없는 인간"이라는 등의 모욕적인 언사를 되풀이했다. 둘 사이의 골은 말할 수 없이 깊어만 갔다.

대학을 졸업하고 아스카는 어린이집에서 일했다. 처음에는 비정규직이었고 수입도 부족해 어머니 집에서 같이 살았다. 고등학교 시절부터 이어진 어머니와의 냉랭한 관계에 익숙했기에 굳이 집을 나갈 필요를 느끼지 않았던 것 같다.

아스카는 집안일에는 관심을 끊고 취미인 연극 감상에 빠졌다. 몇 년 지나서 어린이집을 그만두고 상품 포장 회사에 취직한 뒤에도 결혼하지 않고 취미 생활에 몰두했다. 동생인 히로미 역시 마찬가지로 결혼하지 않고 어머니의 집에서 같이 살았다.

그 무렵 후지코는 다시 정신적 균형이 깨지면서 몸져눕는 일이 잦아졌다. 자식들이 사회에 나가게 되자 긴장의 끈이 끊어졌는지도 모른다. 이유는 알 수 없지만, 정신과 치료도 받지 않게 되었다. 아스카와 히로미도 각자 생활에 바빠서 어머니가 치료를 그만둔 사실도 몰랐고, 방에 누워 있는 것을 보고도 '조금 있으면 평소처럼 좋아지겠지' 생각했다.

아스카는 당시에 대해 이렇게 말한다.

어머니가 몸 상태가 좋지 않아 누워 있다는 건 알았지만, 먼저 손을 내밀 생각은 들지 않았어요. 고등학교 때부터 말도 거의 하지 않았고, 무슨 말을 해도 "나가 버려"라거나 "낳지 말았어야 한다" 같은 말만 들었으니 저도 신경 쓰고 싶지 않았어요. 대신에 동생이 어머니에게 말을 걸거나 필요한 일을 하곤 했어요. 어머니 돌보는 일은 동생 몫이었어요.

집 안에서 후지코를 돌보는 일은 히로미가 맡았다. 히로미도 그렇게 말했다.

어머니 돌보는 일은 제가 하기로 되어 있었어요. 날마다 몸 상태가 좋다 나쁘다 했기 때문에 제가 세끼를 준비해도 다 먹는다는 보장은 없었어요. 그래서 아침은 빵을 준비해 놓고, 밤에는 어머니가 요청하면 퇴근길에 슈퍼에서 먹을 걸

사갔어요.

저녁 식사는 날마다 달랐어요. 도시락을 사가는 날도 있고, 냉동식품이나 반찬거리를 사가는 날도 있고, 주먹밥 두 개를 주는 날도 있었어요. 식비는 들어간 만큼 어머니에게 청구한 적도 있고, 어영부영 제가 다 낸 적도 있어요. 어머니는 식사에 바로 손을 대지는 않았고 먹고 싶을 때 자기 방에서 먹는 것 같았어요. 같이 먹지 않아서 자세히는 모르겠어요.

히로미도 회사원이었기 때문에 일이 바쁘거나 개인적인 사정이 생겨서 집을 비우는 날이 있었다. 그럴 때 후지코는 공복을 참거나 아스카에게 부탁해야 했다. 아스카에게 부탁할 때의 후지코는 친어머니라고는 생각할 수 없을 정도로 저자세를 보였다.

다음은 후지코가 핸드폰 메신저로 보낸 문자 메시지다.

아스카. 배가 고파. 부탁이야. 먹을 것 좀 사다 줄래?

후지코는 예전에 자신이 아스카에게 심하게 대했다는 생각에 자세를 낮췄던 것 같다.

그러나 아스카는 그런 어머니에게 싸늘했다. 둘 사이에

오간 메시지 일부다.

> 후지코 　아스카, 지진이 날 수도 있으니까 어디 가는지만
> 　　　　가르쳐 줘.
> 아스카 　거의 매일 연극 보러 가요.
> 후지코 　응, 알겠어. 일이 있으면 오는 거지?
> 아스카 　무슨 말인지 모르겠네요. 일이 있는 날은 일하거나
> 　　　　연극이라니까.

아스카가 무심한 태도를 보인 것은 고등학교 때부터 쌓인 앙금 때문일 것이다.

후지코의 병이 심각해진 것은 2014년부터였다. 그 전까지는 상태가 좋았다 나빴다 했기 때문에 며칠에 한 번은 옷을 갈아입고 슈퍼에 갈 수 있었지만, 이때부터는 자리에 누워만 있다가 거실이나 화장실에 겨우 가는 정도였다. 몸이 안 좋은 날에는 그조차 쉽지 않았다.

그러자 후지코는 딸들에게 의존하지 않을 수 없었다. 그러나 히로미는 부담이 커지자 점점 귀찮아하며 후지코의 부탁을 무시하거나 거절하기 시작했다. 후지코는 히로미가 거절하면 아스카에게 부탁할 수밖에 없었지만 여전히 싸늘한 말만 돌아왔다.

다음은 몸져눕기 시작한 1월의 메신저 대화 내용이다. 히로미와 함께 아파트에 있던 후지코는 밖에 있는 아스카에게 음식을 부탁했다.

후지코 　부탁이야. 네가 먹는 거랑 같은 걸로 사다 주렴. 미안해. 부탁해.

아스카 　오리진 도시락?

후지코 　지금 어딘데? 좋다네.

아스카 　주어가 없어서 무슨 말인지 모르겠어요.

후지코 　아스카는 지금 어디에 있어? 히로미는 오리진 도시락 좋대.

아스카 　1순위부터 3순위까지 먹고 싶은 도시락 이름을 써주세요. 또 못 먹겠다고 하면 곤란하니까.

후지코 　네가 좋은 걸로 사다 줘.

아스카 　그게 싫어서 하는 소리잖아.

후지코 　돈가스 도시락이나 김 도시락 두 개. 그리고 너 먹을 거.

아스카 　도시락을 두 개나 먹겠다고? 통일해 줘요. 짜증 나게.

무슨 말을 해도 면박을 당하자 후지코는 더욱더 주눅이

"배가 고프면 먹을 줄 알았어요"

들었다.

한편, 스트레스와 미워하는 감정이 점점 더 심해진 아스카와 히로미는 이제 둘이서 어머니에 대한 험담을 주고받게 되었다. 예를 들어 겨울날, 냉장고에 있던 아스카의 호빵을 배가 고팠던 후지코가 먹어 버린 일이 있었다. 그 사실을 알게 된 아스카는 히로미와 다음과 같은 메시지를 주고받았다.

> 아스카　후지코가 호빵을 먹어 버렸나 봐. 진짜 없어져 버리면 좋겠어.
>
> 히로미　후지코 진짜 짜증 나. 오늘은 나카노에서 밥 먹고 갈게. 영화도 볼 거야.
>
> 아스카　그럼 나도 같이 가. 진짜 집을 나가 버리는 게 나을 것 같지 않아? 후지코가 짜증 나는 짓만 하니까. 하는 짓을 보면 후지코도 그걸 원하는 것 같아.
>
> 히로미　스트레스 때문인지 위가 쪼그라드는 기분이야.

둘이 어머니에 대한 원망을 공유하기 시작하면서 태도는 더욱 싸늘해지기 시작했다. 후지코가 애원해도 일부러 무시하거나 큰소리로 욕설을 늘어놓게 된 것이다.

후지코는 스스로는 달리 방법이 없어서 공복을 참을 수 없을 때는 냉장고에 있는 음식에 손을 댔다. 요구르트, 샐러드,

빵 등을 몰래 먹고 주린 배를 채웠던 것이다.

아스카와 히로미는 그 사실을 알게 될 때마다 화를 냈다. 2014년 2월 20일, 후지코가 냉장고의 음식을 먹은 후 메신저로 세 사람이 나눈 대화 내용이다.

> 후지코　아스카. 바나나, 빵, 숙주나물 반 봉지 먹었어. 미안해.
>
> 아스카　숙주나물은 히로미 거예요.
>
> 히로미　함부로 먹지 마세요. 오늘 먹을 생각이었는데. 빨리 돈으로 주세요. 집안일도 안 하면서 다른 사람 거 말도 없이 먹지 마요. 진짜 그만 좀 해요. 누워서 잠만 자고 우리 음식 갖다 먹고 진짜 팔자 좋네. 진짜 미안하면 그러지 않을 텐데.

다음 달 나눈 메신저 대화를 보면 더욱 신랄하다.

후지코는 이틀 전에 아스카가 사다 놓은 바나나를 하나 먹었다. 아스카는 그 사실을 알고 격분했다. 하지만 후지코는 다시 배가 고파지자 아스카에게 먹거리를 부탁했다. 다음은 그때의 대화 내용이다.

> 후지코　슈퍼에서 도시락, 돈가스 덮밥이나 튀김 덮밥 중에

싼 거, 없으면 아무거나 사다 줘. 부탁이야.

아스카   지난번도 그렇고, 오늘도 그렇고 그렇게 다른 사람
이 싫어하는 짓(바나나를 먹은 일)을 해놓고 용케 그런 말
이 나오네요. 지금까지 다른 사람 허락도 없이 맘대로
먹어 놓고. (바나나를) 뱉어 내라고 해도 안 들으면서. 돈
낼 거예요? 왜 내가 산 음식을 공짜로 먹는 거예요? 돈
내라고.

후지코   돈 낼 테니까 오늘은 좀 사다 줘. 부탁이야.

이틀 전에 바나나를 먹었다는 사실을 알고 뱉어 내라고
했던 것이다. 아스카로서는 말을 심하게 한 정도였을지 모르
지만 후지코에게는 협박이나 다름없었다.

히로미 역시 언니를 따라 점점 험악해졌다. 다음은 4월의
대화 기록이다.

후지코   히로미. 요구르트를 먹어 버렸어. 미안해.

히로미   자기 푸딩도 남아 있잖아요. 왜 다른 사람 것부터
먹는 거죠? 그리고 "먹어 버렸어"라니 이상하네요.

후지코   푸딩을 먹을 수도 있었지만, 변비라서 요구르트가
나을 것 같았어. 근데 잘 안 돼서 설사약을 먹었어.

히로미   다른 사람이 사온 건데 무시하는 건가요? 집에서

나가요.

후지코   오늘은 설사약을 먹어서 못 나가.

히로미   그건 제 알 바 아니죠. 우리 음식을 함부로 먹었으니 나가 달라고요. 당연한 거 아닌가요. 이상.

후지코   화장실에 가고 싶으면 난감하니 부탁이야. 미안해. 부탁이야. 오늘은 봐줘. 부탁할게.

요구르트를 먹은 걸로 집에서 나가라고 말하는 모습에서는 가학성마저 느껴진다. 둘은 어째서 어머니를 이렇게까지 몰아세웠던 걸까? 법정에서 아스카는 다음과 같이 말했다.

저는 어머니가 약도 잘 먹고 치료도 받고 있는 줄 알았습니다. 그래서 어머니가 밖에 못 나간다거나 음식을 먹어 버렸다는 얘기를 듣고 이기적이라고 생각했습니다. 그래서 저도 모르게 싸늘하게 굴었습니다.

히로미 역시 마찬가지였다.

배가 고프다는 말을 들어도 과장이라고만 생각했습니다. 그렇게까지 고프진 않을 거라고. 그래서 어머니 상태가 안 좋으면 짜증이 나서 화를 내버렸습니다. 그러다 언니랑 같이 음식을 숨겨 놓게 되었습니다. 어머니가 훔쳐 가지 않도록 하려고요.

이성적으로 생각하면, 후지코가 얼마나 힘든지 충분히 알 만한 상황이었다. 그러나 아스카는 해묵은 원한을 풀듯이 어머니를 괴롭혔고, 히로미도 그에 동조해 어머니를 돌보는 대신 험한 말을 했다. 둘은 자신도 모르게 후지코에 대한 학대를 일삼았던 것이다.

2014년 5월 초부터 후지코는 자기 방에서 거의 나오지 못하게 됐다. 심각해진 우울증과 영양부족 때문에 그럴 체력이 없었던 것이다. 두 달 뒤에 23킬로그램의 시체로 발견된 것을 생각하면, 당시 몸무게는 30킬로그램 안팎이었을 것이다.

히로미는 가끔 생각나면 사온 음식을 후지코 머리맡에 놔둘 뿐 간병은 하지 않았다. 후지코가 화장실조차 가지 못하고 이불에 용변을 보는 일도 종종 있었다. 바닥에 스며든 분뇨는 악취를 뿜었다.

히로미는 법정에서 다음과 같이 말했다.

6월 무렵부터는 어머니와 직접 대화를 하는 일이 없어졌습니다. 방에서 핸드폰 메신저로 식사를 하고 싶다고 하면, 음식을 사와서 머리맡에 두고 아무 말도 하지 않았습니다. 제가 회사에서 돌아올 때쯤에 어머니는 이불을 목까지 덮고 자고 있어서 그렇게 마른 줄 몰랐습니다.

아스카도 경찰 조사에서 비슷한 말을 했다.

가끔 어머니를 봐도 항상 어깨까지 이불을 덮고 있어서 말랐는지 어쨌는지 몰랐습니다. 얼굴을 보면 평상시와 다를 바 없었고, 건강은 동생이 챙기고 있는 줄 알았습니다.

셋은 같은 집에서 살았고 후지코의 방은 거실 옆에 있었다. 그런데 후지코가 쇠약해졌다거나 악취가 난다는 사실을 모를 수 있었을까?

메신저 대화 기록을 보면 둘의 증언은 의심스럽다. 6월에는 다음과 같은 대화가 오갔다.

아스카　목욕을 안 시키면 점점 냄새날 거야.
히로미　그건 그런데 목욕할 체력이 없지 않을까? 걷지도
　　　　못한다잖아.

둘은 후지코가 쇠약해졌다는 사실도, 악취가 난다는 사실도 알고 있었던 것이다.

만약 이때 둘이 후지코를 병원에 데려가 적절한 치료를 받게 했더라면 최악의 사태는 면했을 가능성이 높다. 그러나 둘은 그녀를 살리는 대신 놔두기로 했다. 왜였을까?

다음 메시지가 모든 것을 말해 준다.

> 히로미 병원에 데려가면, 왜 여태 음식을 안 줬냐는 소리를 듣는 건 나잖아.

사실은 둘 다 자신들이 간병을 포기하고 있다는 점을 잘 알고 있었고 그래서 그 사실이 발각되지 않도록 후지코를 병원에 데려가지 않았던 것이다.

6월 중순에는 아스카가 후지코를 병원에 데려가려 한 적이 있었다. 아스카가 오랜만에 방문을 열자 후지코는 누워서 몽롱한 눈으로 딸을 쳐다보았다. 재판에서 아스카는 "(이전보다) 조금 살이 빠진 것처럼" 보였다고 말했다. 후지코가 쇠약해진 상태라는 걸 알고 있었던 것이다. 아스카는 후지코의 상반신을 일으키며 말했다.

"몸 안 좋아? 구급차 부를까?"

후지코는 오랜만에 딸의 배려가 담긴 말을 들은 탓인지

울먹이며 말했다.

"절대 부르지 마. 괜찮으니까."

왜 그녀가 구급차를 거절했는지는 알 수 없다. 우울증으로 정신이 혼란스러워 그랬는지, 아니면 사실 살려 달라고 말했는데 법정에서 아스카가 거짓말을 했는지 우리는 모른다. 어쨌든 아스카는 구급차를 부르지 않고 더러운 이불 아래 후지코를 눕혔다. 이로써 후지코가 구출될 수 있었던 마지막 기회는 사라졌다.

6월 하순부터 히로미는 음식을 한 번도 방에 가져가지 않았다. 이유는 어처구니없는 것이었다. 그녀는 이렇게 말한다.

방에 식사를 가져가지는 않았지만 방치한 건 아닙니다. 냉장고에 냉동 파스타 같은 것들을 넣어 놨습니다. 배가 고프면 먹을 줄 알았어요.

일어나지도 못하는 후지코가 냉장고를 열고 냉동 파스타를 먹을 수는 없는 일이다. 게다가 애초에 요구르트 하나 먹었다고 집에서 나가라고 말한 것은 히로미였다.

7월 들어 아스카도, 히로미도 방에서 홀로 쇠약해져 가는 후지코를 들여다보지 않았다. 둘에게 어머니는 쳐다볼 필요조차 없는 존재였을지 모른다.

그 뒤 마지막 연락이 있었던 것은 7월 초 아스카의 휴대전화에 후지코가 전화를 걸었을 때였다. 아스카는 회사에서 일하던 중이라 전화를 받지 않았고 나중에 다시 걸지도 않았다. 이때 후지코가 전화로 무슨 말을 하려 했는지는 알 수 없다. 어쨌든 이것이 어머니와의 마지막 기록이었다.

나흘 뒤, 일요일이었지만 아스카는 아침부터 회사에 출근해 포장 작업을 하고 있었다. 바로 그때 히로미로부터 전화가 걸려 왔다. 히로미는 당황한 듯 말했다.

"후지코가 죽었나 봐."

"무슨 소리야?"

"신문 대금 받으려고 방에 들어갔더니 이불 속에서 숨을 안 쉬어."

"언제부터?"

"몰라. 2주 동안 안 봤거든."

아스카는 숨을 죽이며 말했다.

"진짜 죽었어? 숨을 안 쉬어?"

"응······."

"그럼 빨리 119 불러!"

아스카의 뇌리에는 3주 전에 보았던 후지코의 쇠약한 모습이 떠올랐을 것이다. 그녀는 상사에게 사정을 설명하고 회사를 조퇴했다.

그 무렵 히로미는 언니의 지시대로 119에 신고 전화를 했다. 10분 뒤에는 구급대가 도착했다. 대원들이 목격한 것은 분뇨 냄새가 가득한 방에 누워 있는 깡마른 노인의 시신. 바로 후지코였다. 앞서 말했듯이 심장은 이미 멈춘 상태였고, 하반신에는 흘러내린 분변이 그대로 말라붙어 있었다.

2년 반이 지난 2017년 말, 도쿄지방재판소 다치카와 지부에서 아스카와 히로미의 공판이 열렸다. 사건 발생으로부터 체포까지 시간이 걸린 이유는 두 사람이 간병을 포기한 사실을 부인해 혐의를 입증할 필요가 있었기 때문이다.

죄명은 보호책임자 유기치사죄. 간병을 필요로 하는 이를 고의로 방치하고 죽음에 이르게 한 죄로 징역 3년부터 20년 사이의 형벌이 가능하다. 재판의 쟁점은 두 사람이 후지코의 생명이 위험하다는 사실을 알면서도 간병을 하지 않았는지의 여부에 있었다.

재판에서 두 사람은 고의를 부인했다. 아스카가 일관되게 이렇게 주장했다.

저는 고등학교 때부터 어머니와 사이가 좋지 않고 취직하고 나서도 마찬가지였습니다. 식사 등 간병은 동생이 하고 있다고 생각했습니다. 밥을 제대로 못 먹었다는 사실을 알게 된 것은 장례식 때였습니다. 손을 보니 무척 말라 있어서 어쩌다 이렇게 됐을까 생각했지만, 그전까지는 어머니가 그런 상태인 줄 몰랐습니다.

자신은 어머니와 소원해서 몰랐다는 것이었다. 동생 히로미의 주장은 이랬다.

저는 밥은 줬어요. 6월 하순 이후로는 음식이 상할 것 같아서 냉장고에 넣어 두었습니다. (후지코가 알아서) 먹고 있는 줄 알았습니다. 영양실조가 될 줄은 생각도 못 했어요. 그래서 사건이 있을 때까지 그런 일이 벌어질 줄은 생각도 못 했습니다.

히로미는 냉장고에 후지코의 식사를 넣어 뒀다고 말했다. 재판에서 검찰은 두 사람의 주장에서 불합리한 부분을 지적했다. 아스카는 사건 발생 전 후지코가 쇠약한 상태인 것을 목격한 바 있었고, 히로미는 냉장고의 음식을 함부로 먹지 못하게 했다는 점이다. 이는 메신저 대화 기록을 통해 확인할 수 있다. 즉, 두 사람은 후지코가 쇠약한 상태임을 알면서도 음식을 충분히 제공하지 않았고 간병도 하지 않았다는 것이다.

그러나 쟁점은 어디까지나 후지코의 아사까지 예견할 수 있었는가에 있었다.

두 사람이 예견하지 못했다고 부인했기 때문에 검찰은 물증을 통해 밝혀야 했지만, '죽을 줄 알고 있었다'고 할 만한 근거를 제시하지는 못했다.

판사는 보호책임자 유기치사죄를 인정하면서도 아사까지는 예견하지 못했다며 징역 3년, 집행유예 5년의 판결을 내렸다.

실형을 면한 두 사람은 어머니가 죽은 아파트에서 다시 살기 시작했다.

3
빈곤과 동반 자살

"돈을 못 빌리면 죽을 수밖에…"

도쿄의 연안부를 달리는 게이큐선 주변 일대는 1980년대 후반까지만 해도 '게이힌 공업지대'■를 상징하는 지구 가운데 하나로 번영을 누렸다. 그러나 이후에는 산업이 쇠퇴하면서 시대로부터 뒤처져 쓸쓸한 풍경만 짙게 남은 지역이 되었다.

이 지역의 주택가 안쪽으로 발을 들이면 복잡한 골목에 지어진 지 50년은 넘었을 것 같은 집들이 빼곡히 들어서 있다. 집 앞에는 녹슨 자전거와 오토바이가 방치돼 있고, 문이 열린 현관에서는 라디오 소리가 들린다. 빨랫줄에 걸려 있는 것은 노인들의 속옷뿐이다.

대로변에는 공장과 상점 같은 것들이 눈에 띄지만, 문을 닫은 지 오래인 곳이 적지 않다. 셔터는 내려져 있고, 간판의 페인트는 여기저기 벗겨져 있으며, 벽에는 이끼가 껴있다. 쓰레기가 나뒹구는 주차장에는 길고양이가 어슬렁거린다.

이다 다카시가 이 동네에서 태어난 것은 1971년이었다. 당시는 지금과 달리 큰 공장이 여럿 있었고, 공장 굴뚝은 쉼 없

■ 도쿄와 요코하마 사이에 위치한 공업지대. 게이큐선은 '게이힌 급행 전철'의 약자로 도쿄와 요코하마를 비롯한 가나가와 일대를 잇는 전철 노선이다.

이 회색 연기를 뿜어내고 있었다. 전국에서 몰려든 노동자들이 삼교대로 일했기 때문에 밤낮 없이 활기가 넘쳤으며, 2차 베이비붐으로 아이들도 많아서 평일 방과 후나 휴일에는 공원과 도로가 온통 놀이터였다.

다카시의 부모는 그곳에서 메밀국수 가게를 운영했다. 2층짜리 건물의 1층이 가게, 2층이 집이었다. 매일 이른 아침부터 아버지 가즈오와 어머니 아야코는 가게로 나가 재료를 준비했다. 공장 휴식 시간에는 노동자들이 일제히 몰려들어 장사진을 이루었기 때문에 친척과 이웃까지 아르바이트로 동원돼 일을 했다.

가게는 번창했지만 사생활은 엉망이었다. 원인은 가즈오의 낭비벽과 바람기였다. 가즈오는 가게에서는 그럭저럭 열심이었지만, 영업시간이 끝나면 뒷정리는 아내에게 맡기고 그날 번 돈을 들고 술집들을 전전하다 날이 밝아서야 휘청거리며 돌아오는 게 일상이었다. 그러다 보니 장사가 잘돼도 생계는 항상 여의치 않았고, 재료 조달조차 어려울 때가 많았다.

그런 부부 사이에서 태어난 다카시는 어려서부터 방치되었다. 아버지는 말할 것도 없고 어머니 또한 밤늦게까지 가게를 청소하고 장부를 정리해야 했을 뿐만 아니라 집안일까지 도맡았기에 아이를 온종일 이불 위에 방치하는 일이 적지 않았다. 돌이 지나도록 기어 다니지도 못했다고 하니 아동 학대라 봐도 무방할 것이다.

이런 가정환경을 걱정한 이는 아이치에 살던 외할머니였다. 할머니는 다카시가 두 살이 되도록 말도 못 한다는 사실을 알고는 더 이상 방관할 수 없었는지 이렇게 말했다.

이대로는 다카시가 제대로 못 크겠다. 너희 부부가 못 키울 거면 내가 시간 날 때마다 도쿄로 갈게.

외할머니는 몇 개월에 한 번씩 도쿄로 와서 부모 대신 다카시를 돌봤다. 어린 다카시가 사람의 온기를 느낄 수 있는 소중한 시간이었다. 그러나 교통비가 부담이었던 데다가 체력적인 문제도 있어서 외할머니의 방문은 1년 만에 끝이 나고 말았다.

다카시는 어린 시절을 이렇게 회상한다.

어릴 때 부모님이 보살펴 준 기억은 전혀 없어요. 기억나는 건, 아무도 없는 방에서 아침부터 저녁까지 티브이 앞에 있었던 것밖에 없어요. 그저 외로움뿐이었죠.

이런 생활 때문이었는지 다카시는 타인에게 자신의 마음을 표현하거나 신뢰 관계를 형성하기 어려운 성격이 되었다.

인근 초등학교에 들어가고 난 뒤에도 다카시의 가정환경

은 나아지지 않았다. 가즈오의 씀씀이는 여전히 헤펐고, 이를 만류하는 아야코와 다투는 일이 잦아졌다. 끝은 항상 가정 폭력이었다. 술버릇이 나빴던 가즈오는 취하면 아야코가 일어서지 못할 정도로 때리곤 했다. 밤중에 고주망태가 되어 귀가한 가즈오가 아무런 이유도 없이 폭력을 행사하는 일도 종종 있었다.

다카시에게 아버지 가즈오는 얼굴만 봐도 몸이 얼어붙을 정도로 공포스러운 존재였다.

아버지의 폭력성을 드러내는 씁쓸한 에피소드가 있다. 어느 날, 집에 돌아와 보니 아버지 가즈오가 바닥에 누워 있었다. 다카시는 그 옆을 지나려다가 가즈오의 등에 발이 닿았다. 그러자 가즈오가 벌떡 일어나서는 다카시의 얼굴을 후려쳤다. 다카시는 피가 흐르는 코와 입을 감싸며 왜 그러냐고 물었다.

가즈오는 말했다.

"내가 지금 등을 다쳤다고!"

다른 곳에서 다친 사실을 다카시가 알 리 없었지만, 가즈오는 기분이 나쁘면 그렇게 핑계를 만들어서 때렸다.

일상생활에서 다카시가 무엇보다 싫었던 건 가즈오가 아야코를 때리는 걸 볼 때였다. 얼굴도 보기 힘든 어머니였지만 사랑받고 있다는 느낌은 있었기에, 어머니가 아무 이유 없이 맞고 우는 모습을 보면 가슴이 아파서 숨을 쉴 수 없었다.

다카시는 이렇게 말한다.

아버지는 싫었지만 어머니는 불쌍하다고 생각했어요. 그렇게 일했는데 별 이유도 없이 맞기만 하고. 어릴 때는 막고 싶어도 그럴 수가 없어서 헤어지면 좋겠다고 생각했어요. 아니면 제가 크면 막을 수 있겠지 생각했어요.

부부는 이혼하느니 마느니 하기도 했지만, 아야코는 결심이 서지 않았다. 초등학생 아들을 데리고 집을 나가도 혼자서 제대로 생계를 꾸릴 수 없을 게 뻔했기에 아들이 클 때까지 이를 악물고 견디자고 생각했다.

다카시는 중학생이 되어서도 아버지에 대한 두려움에 떨었고 일상생활에서도 그 영향이 있었다. 항상 쭈뼛쭈뼛하는 버릇이 있었고, 무슨 말을 하려고 해도 말이 잘 나오지 않아 같은 반 친구에게 대꾸하는 것도 힘들어 했다. 주변에서는 성격이 음침하다는 소리를 들었고 따돌림을 당했다.

그는 이렇게 말한다.

학생 시절 친구가 전혀 없었어요. 하지만 더 힘든 건 집이었어요. 아버지가 집에 있으면 무서워서 밖에 나가려고 했죠. 그렇게 하지 않으면 큰일이 생기니까요. 고등학교 때도 마찬가지였어요.

사춘기가 돼서도 다카시의 머릿속은 아버지의 폭력에 대한 공포로 가득했다.

고등학교를 졸업하고 다카시는 본가를 나와 근처 원룸에서 살았다. 아르바이트로 근근이 생계를 이어 가야 했기 때문에 생활은 힘들었지만, 열여덟 살이 되어서야 겨우 안심하고 살 수 있는 집이 생긴 기쁨이 컸다. 그리고 스물다섯 살에 그는 수입을 좀 더 늘려 보고자 택시 회사에 기사로 취직했다.

그 무렵 본가의 메밀국수 가게에 큰 변화가 닥쳤다. 거품경제가 무너진 뒤 불황이 강타한 게이힌 공업지대에는 해고와 파산의 폭풍이 일었다. 특히 가족끼리 경영하던 공장들은 경영난에 직면하면서 하나씩 문을 닫았다. 노동자 수가 급격히 줄어든 동네의 대로변에는 편의점과 패스트푸드 체인점들이 들어서기 시작했다. 메밀국수 가게는 손님이 확연히 줄었고 매상도 떨어졌다.

그런 상황에서 일찌감치 가게를 접거나 업종을 바꿨더라면 시대의 변화 속에서 살아남을 수도 있었을 것이다. 그러나 가즈오는 그런 위기감이 없었다.

여기는 내 가게야. 누가 뭐래도 죽을 때까지 메밀국수를 만들 거야!

자신을 둘러싼 상황을 이해하지 못했던 것인지 밤마다 술을 마시는 일도 멈추지 않았다.

이윽고 경제 사정이 더 나빠지자 아야코는 돈을 빌리러 친척들을 찾아다녀야 했다. 그러나 가게 문을 열어도 손님이 없으니 재료는 버려졌고 빚만 늘어 갔다. 매달 전기 요금, 수도 요금 내기도 벅차지자 결국 가게 문을 닫게 된다.

집을 나가 있던 다카시가 본가의 처지를 알게 된 것은 어느 추운 겨울날이었다. 다카시는 30대가 되어 있었다. 쉬는 날에 어머니를 만나러 갔다가 생각지도 못한 광경을 목격한다. 2층에 있던 집에는 가구가 거의 사라진 상태였고, 전기난로조차 켜지 못한 채 솜이 삐져나온 찢어진 이불을 둘둘 말고 벌벌 떨고 있는 어머니의 모습은 마치 깃털 뜯긴 새 같았다.

사정을 들은 다카시는 아버지를 더욱 미워하게 됐지만 무슨 말을 해도 들을 성격이 아님을 잘 알고 있었다. 자칫하다가는 어머니에게 화풀이를 할 수도 있었다. 다카시는 새 이불을 샀다. 어머니가 밤에는 따뜻하게 자기를 바라는 마음에서였다. 아야코는 몇 번이나 고맙다고 했다.

며칠 뒤, 다카시는 다시 본가에 들렀다. 웬일인지 침실에는 자신이 사놓은 이불이 비닐도 뜯기지 않은 채 그대로 있었다. 사용한 흔적도 없었고 어머니는 여전히 찢어진 이불을 덮고 있었다.

다카시가 물었다.

"엄마, 왜 그래? 새 이불이 있는데 왜 안 쓰는 거야?"

아야코는 미안한 표정으로 대답했다.

"이건 다카시가 일해서 모은 돈으로 사준 소중한 이불이잖아. 이런 더러운 집에서 쓰긴 아까워."

다카시는 어머니가 그렇게까지 자신의 선물을 소중히 여기는 것에 감동했다. 그리고 어떻게든 이 상황에서 어머니를 벗어나게 하고 싶었다. 더 이상 불행의 구렁텅이에 방치할 수는 없었다.

"엄마, 이 집에서 나가자."

"응?"

"내가 근처에 아파트를 살 테니까 같이 살자. 가게는 가망이 없어. 아버지도 필요 없잖아. 앞으로는 내 월급으로 살자."

가즈오에게 미련이 없던 아야코가 거절할 이유는 없었다.

2006년, 다카시는 2000만 엔의 주택 융자를 받아 게이큐선을 사이에 두고 본가의 반대편에 있는 아파트를 샀다. 아파트 3층에 위치한, 방 두 개에 거실 하나가 딸린 집이었다. 아야코는 간소한 짐만 챙겨 나왔다.

다카시는 드디어 어머니를 행복하게 해드리며 애정에 보답할 기회라고 생각했다. 이제 자신이 택시 일만 열심히 하면 된다고 다짐했다.

아파트로 이사한 후 다카시와 아야코 모자는 평온한 일상을 꾸려 가기 시작했다. 어린 시절부터 다카시가 꿈꾸던 일이었다.

다카시는 매일 날아갈 것 같은 기분이었다. 택시 일은 불규칙했지만, 아침저녁으로 집에 돌아가면 아야코가 있었고, 방도 깨끗이 청소된 상태였다. 세탁물은 다림질이 되어 있었고, 식탁에는 정성스러운 요리가 올라왔다. 어릴 적에는 같이 밥을 먹은 기억조차 없었기 때문에 마주 보며 따뜻한 밥을 먹는 것만으로도 저절로 웃음이 나왔다.

아야코 역시 가즈오와 결혼한 이후 처음으로 누리게 된 자유였다. 집안일을 마치면 전철을 타고 나가 쇼핑을 하거나 카페에서 느긋하게 차를 마셨다. 아침부터 저녁까지 생계를 걱정해야 했던 그녀에게는 전혀 새로운 삶이었다.

그러나 그런 나날은 오래가지 않았다. 이사하고 몇 개월 뒤, 아야코는 자전거를 타다가 갑자기 튀어나온 대형 트럭에 치였다.

아스팔트 위로 쓰러진 아야코는 두개골이 함몰되고 오른

쪽 눈이 튀어나오는 중상을 입었다. 구급차에 실려 병원으로 옮겨진 뒤 치료를 받아 생명에 지장은 없었지만, 몸 오른쪽이 마비되고, 오른쪽 눈은 실명했으며, 후각도 잃었다. 또 턱을 움직일 수가 없어 음식을 씹는 것조차 힘들었다.

오랜 입원 생활 끝에 집으로 돌아왔지만, 생활은 이전과는 확연히 달라졌다. 후유증 때문에 집안일을 못 하게 된 것이다. 다카시는 일하다가 시간이 날 때마다 그런 어머니를 병원에 데려가서 재활 치료를 받게 하고, 빨래와 밥 짓는 일 역시 스스로 하게 되었다. 고생스럽기는 했지만 그래도 행복했다. 아야코의 부담을 줄이고, 사고 전의 일상을 되찾고 싶었다.

그런데 사고가 일어난 지 몇 달 뒤 두 사람 앞에 가즈오가 연락도 없이 나타났다. 별거 상태였지만 법적으로는 부부였던 가즈오에게 사고 사실이 전해진 것이다.

가즈오는 말했다.

"사고를 일으킨 건 트럭이잖아. 그럼 운전사한테서 보상금을 타낼 수 있어. 보험금도 나올 테니 나한테 맡겨."

돈 냄새를 맡은 것이었다.

두 사람은 진절머리가 났지만, 서류는 가즈오가 가지고 있었고 보험 수령인도 가즈오였다. 어쩔 수 없이 협상은 가즈오에게 맡겼다.

몇 달 뒤, 가즈오는 의기양양하게 다카시의 아파트에 나타나 만면에 웃음을 띠고 말했다.

"보험사하고 얘기해서 다 합해 2400만 엔 받게 됐어!"

그러나 그는 이어서 이렇게 말했다.

"이건 내가 해결한 거니까 다 내가 가질게. 알았지?"

다카시는 말했다.

"잠깐. 왜 엄마 보험금을 아빠가 가져? 사고 난 건 엄마라고. 이상하잖아."

"우리가 진 빚이 수백만 엔이야. 빚 갚아야 돼."

"돈 날린 건 아빠잖아."

"가게는 둘이서 했어. 그리고 아야코 보험료는 내가 내던 거야. 어쨌든 이 돈은 내 거니까 그렇게 알아."

가즈오는 자기 할 말만 하고 돌아갔다.

다카시도 이번만큼은 두고 볼 수 없었다. 왜 사고로 중증 장애가 남은 어머니에게서 보험금마저 다 빼앗아 간단 말인가?

그는 친척들을 모아 아버지를 설득해 보기로 했다. 다카시의 부모는 친척들에게도 거액의 빚을 지고 있었다. 대부분 아야코가 고개를 숙이고 부탁한 돈이었다. 아버지에게 보험금을 주느니 친척들에게 빚을 갚겠다고 생각한 것이다. 친척들도 빌려준 돈을 받을 수 있다는 이야기에 모여들었다.

하지만 친척들이 모인 자리에 가즈오는 좀처럼 나타나지 않았다. 약속 시간이 지나도 연락이 없었다. 뒤늦게야 나타난 그의 얼굴은 불콰했고, 입에서는 술 냄새가 났으며, 제대로 걷지도 못했다.

논의가 시작됐지만, 가즈오는 발음도 제대로 못 하고 소리를 지르다가 다카시의 머리를 때렸다. 친척들에게 욕설을 퍼붓기도 했다. 대화는 불가능했다.

다카시는 기가 막혔다.

"아빠, 정신 차려. 돈은 빚 갚는 데 쓸게. 알았지?"

그 말을 듣자 가즈오는 소리를 질렀다.

"웃기지 마! 돈은 다 내 거라고!"

다카시에게 달려들려는 가즈오를 그 자리에 있던 친척들이 뜯어 말렸다. 가즈오는 완력으로 되지 않자 집에 있던 칼을 들고는 웃통을 벗어젖히며 말했다.

"니들이 그렇게 나오면 난 죽어 버리고 말 거야!"

자살하겠다는 시늉을 한 것이다. 난동을 부리면 다들 자신의 주장을 받아들일 거라 생각한 모양이다.

다카시는 당시를 이렇게 회상한다.

그날 아버지가 날뛰는 모습을 보고 더 이상 대화는 불가능하다는 사실을 깨달았어요. 아무리 대화해도 마찬가지였을 겁니다. 그래서 아버지한테 "보험금을 일부 떼줄 테니 어머니와 이혼하고 두 번 다시 나타나지 말아 달라" 했어요. 돈을 주고서라도 관계를 끊고 싶었거든요. 아버지도 돈만 받으면 된다고 했어요. 그렇게 저는 아버지와 연을 끊고 남은 보험금으로 친척들한테 진 빚을 갚았습니다.

이후 가즈오는 가진 돈이 바닥나자 일용직 노동자들이 사는 판자촌으로 흘러들어 몇 년간 그곳에서 생활보호를 받으며 살다가 홀로 죽었다고 한다.

가즈오의 올가미에서 벗어난 다카시는 어머니에게 더 잘해야겠다고 다짐했다. 2002년의 택시 규제 완화로[■] 앞날이 불투명했지만, 실적만 좋으면 걸맞은 수입을 거둘 수 있는 업계라고 생각했다. 그는 매일 손님을 찾아 차를 몰았다. 휴일에는 어머니를 모시고 외출해 주점에서 술을 마시거나 노래방에서 좋아하는 노래를 부르기도 했으며, 어머니가 좋아하는 연예인의 공연 티켓을 사서 함께 보러 가기도 했다.

그가 이렇게까지 어머니에게 헌신할 수 있었던 것은 결혼을 포기한 때문이기도 했다. 그는 사회인이 되어서도 어릴 적과 마찬가지로 인간관계가 능숙하지 못했다. 특히 여성과는 눈을 마주치며 대화하는 것조차 불가능했다. 그래서 대신에

■ 2002년, 도로운송법 개정으로 택시 면허 관련 규제가 완화되었다. 이로 인해 택시가 급증하면서 경쟁이 심해졌고, 기사 개인의 수입은 감소했다.

어머니와 둘이서 사이좋게 살아 보려 했던 것이다.

그런 다카시의 얼마 안 되는 친구 중에 이시하라 다다시와 미야기 료가 있었다. 둘 다 택시 기사 일을 하다가 알게 된 동료로 아야코를 자신만큼 아껴 주는 친구들이었다. 이시하라는 집에 자주 와서 술을 마시며 아야코의 말동무가 되어 주었고, 미야기는 노인의 날 아야코를 수족관에 데려가는 데 함께하기도 했다. 다카시에게 친구는 어디까지나 아야코를 따뜻하게 대해 주는 사람이었다.

2008년, 일본 경제를 크게 뒤흔든 사건이 발생한다. 2007년에 미국의 주택 거품이 붕괴한 데서 비롯된 리먼 브라더스 사태가 만든 불황이 일본에도 들이닥친 것이다.

일본의 많은 산업이 무너졌고, 해가 바뀌어도 주가 하락세는 계속되었다. 대기업은 생존을 위해 사업 축소와 구조조정을 단행했고, 그 영향으로 피해를 입은 중소기업들이 파산하면서 실업자가 넘쳐 났다.

일본의 택시 업계도 큰 타격을 입었다. 택시 진입 규제 완화로 업계가 포화 상태였던 데다가 불황이 겹치면서 이용자 수가 크게 줄었기 때문이다.

그해 다카시는 인생의 전환점을 맞았다. 무사고·무위반

으로 성실히 일한 결과 개인택시 면허를 취득하고 차를 구입해 독립한 것이다. 리먼 브라더스 사태로 경기가 좋지 않다는 사실은 알고 있었지만, 회사에 남아도 조건은 마찬가지였다. 그렇다면 초기 비용을 들이더라도 개인택시를 시작하는 편이 수입을 늘리는 길이라 판단했다.

다카시는 새로 구입한 차에 어머니의 생일을 딴 번호판을 달았다. 제2의 인생이 시작된 것이다. 그러나 바닥을 친 것 같던 경기는 좀처럼 회복되지 않았고, 실업자들이 택시 업계로 몰리면서 전보다 더 매출을 올리기 어려워졌다. 밤마다 번화가에는 차를 세울 수 없을 정도로 택시가 넘쳐 났고, 몇 시간 만에 간신히 손님을 태워도 기본요금을 벗어나지 않았다. 매출 감소는 그대로 생계의 위협으로 이어졌다.

그는 당시 심경을 이렇게 회상한다.

개인택시를 시작할 무렵 차 구입 등에 돈이 필요해서 새로 대출을 받았어요. 아파트 대출도 있어서 매달 35만 엔을 갚아야 했죠. 일반적으로 개인택시는 매달 수입이 60만 엔 정도라고 들어서 괜찮을 거라는 계산이었는데…….

근데 막상 시작해 보니 업계 상황이 예상보다 안 좋았어요. 회사에서 일할 때보다 더 벌 수 있을 줄 알았는데 더 나빠졌죠. 퇴로는 끊겼고 불황이 해결될 때까지 버텨 볼 생각이었는데, 그 후로도 상황은 계속 나빠져서 월수입이 15만 엔까지 떨어졌어요. 매달 대출금조차 갚을 수 없게 된 겁니다.

아야코 앞으로 나오는 연금이 좀 있긴 했지만, 매달 적자를 보전하기 위해 대부업체에서 빚을 더 질 수밖에 없었다. 그러나 경기는 회복되지 않았고 택시 업계 상황도 크게 개선되지 않으면서 빚만 눈덩이처럼 불어났다.

이 무렵 다카시의 의욕을 꺾는 사건이 일어난다. 친하게 지내던 이시하라가 난치병에 걸려 다카시가 문병 한 번 가볼 새도 없이 세상을 떠난 것이다. 그에게는 둘밖에 없는 친구 중 한 명을 잃은 셈으로 다카시는 공허한 마음에 껍데기만 남은 것 같았다.

엎친 데 덮친 격으로 2011년 3월 11일, 태평양을 진앙으로 한 진도 9.0의 동일본 대지진이 발생했다. 후쿠시마 원전 사고의 영향으로 전력 수급에 문제가 생기면서 도쿄에서도 기업과 상점의 휴업이 이어졌고 유가가 급등했다.

다카시는 그렇지 않아도 빚더미에 앉아 벼랑 끝에 몰린 상태였는데 모든 게 무너지는 느낌이었다. 거리에는 인적이 자취를 감추었고 경제활동이 멈춘 가운데 아무리 노력해도 한계가 있었다.

"돈을 못 빌리면 죽을 수밖에…"

장래가 막막한 다카시는 극도의 불면증에 시달렸다. 빚 갚을 생각만 해도 토할 것 같고 온몸에 땀이 흘렀다. 그는 밤마다 술을 마시며 불안감을 떨쳐 내려 했다. 주량은 매일 늘어나 4리터짜리 싸구려 소주병이 방 안에 나뒹굴었다.

집에서 아야코는 아들이 술에 빠져 사는 비참한 모습을 슬프게 바라보고 있었다. 편치 않은 몸으로는 아르바이트도 여의치 않았고, 말로만 위로한다고 생활이 나아지는 것도 아니어서 그저 불평불만을 말없이 들어줄 뿐이었다.

그러던 어느 날 다카시의 몸에 이상이 생겼다. 샤워를 하고 일을 하러 나가려는데 발이 얼어붙은 것처럼 움직이지 않았던 것이다. 아무리 힘을 줘도 발이 무거워서 걸음을 뗄 수 없었다. 자신도 모르는 새 우울증이 찾아온 것이다.

그러나 다카시는 몸을 채찍질해서라도 일하러 나가야 했다. 개인사업자는 하루 일을 쉬면 그만큼의 수입이 날아간다. 다카시는 당시 심정에 대해 이렇게 말한다.

우울증은 생각도 못 했어요. 무슨 일이 있어도 일을 해서 조금이라도 빚을 갚아야 한다는 생각밖에 없었어요. 빚이 더 늘어나면 차를 압류당할 거고, 차가 없어 일을 못 하면 아파트에서도 쫓겨나 어머니와 둘이서 노숙자가 될 수밖에 없잖아요. 그래서 몸이 안 움직여도 억지로 기어 나가서 차를 탔던 거예요.

궁지에 몰린 그의 머릿속에 사회보장에 기댄다는 선택지는 없었던 것 같다.

그런 그에게 결정타라 할 만한 사건이 발생했다. 또 다른 친구 미야기가 갑작스럽게 병으로 사망한 것이다. 이제 다카시가 마음을 터놓고 이야기를 나눌 상대는 아무도 없었다. 의지할 사람이 하나도 남지 않은 것이다.

다카시가 점차 죽음을 떠올린 것은 그즈음부터였다.

'죽으면 편해지지 않을까?'

문득 그런 생각이 뇌리를 스쳤다. 정신을 차리고 망상을 털어 내도 자기도 모르게 다시 그런 생각을 하게 됐다. 그런 순간은 점점 늘어났다.

다카시에게는 당시에 대한 기억이 거의 없다. 일주일에 얼마나 일을 했는지, 쉬는 날에 무엇을 했는지 몰랐다. 기분이 무겁게 가라앉아 권태감, 불면, 식욕부진 등으로 내내 멍했다. 병원에 간다는 생각은 하지도 못했다. 하루 일이 끝나면 다음 날 또 일을 나가기 위해서라도 자야 했기에 술을 진탕 마시고 만취하는 나날이 이어졌다.

"돈을 못 빌리면 죽을 수밖에…"

그런 생활 속에서 그의 마음에 자리한 자살 충동은 나날이 커졌다. 정신의학 연구에 따르면 자살하는 사람의 90퍼센트 이상은 우울증을 비롯한 정신 질환의 전조가 있다. 다카시도 마음의 병이 그런 생각을 증폭했던 것이다. 그러나 그는 술에 젖어 그런 사실을 자각할 수 없었고, 곁에 있던 어머니 역시 몰랐다.

2015년 5월 26일 새벽, 다카시는 손님을 거의 태우지 못한 채 밤 근무를 마치고 집으로 돌아왔다. 옷을 갈아입고 누웠지만 도무지 잠을 이룰 수 없었다. 오전 6시가 넘어 날이 밝아오자 밖에서 새들이 지저귀는 소리가 들렸다. 그는 잠을 포기하고 4리터짜리 소주병을 꺼내 이불 위에서 컵에 따라 마시기 시작했다.

몽롱한 가운데 떠오른 생각은 신용카드 대금이 빠져나가는 날이 내일이라는 사실이었다. 바닥난 계좌에 입금을 해야 하는데 이번 달도 수입은 필요한 금액에 한참을 못 미쳤다. 또 다시 다른 대부업체에서 돈을 빌려 입에 풀칠할 수밖에 없는 것인가. 그렇게 생각하자 이제 스스로의 힘으로는 어찌하기 힘든 지경에 이르렀음을 인정하지 않을 수 없었다.

다카시는 아무리 소주를 마셔도 잠이 오지 않자 오후에 아야코와 함께 근처 편의점에 갔다. 편의점 현금지급기에서 내일 지불할 돈을 빌릴 생각이었다. 편의점에 도착해 카드를 넣고 평소대로 화면을 눌렀다. 그는 화면에 나타난 메시지를 보고 숨을 쉴 수 없었다. 화면에는 다음과 같은 메시지가 떠있었다.

이용하실 수 없습니다.

이미 한도액을 초과해서 이제 대출을 받을 수 없었던 것이다.

다카시는 현금지급기 앞에서 머리를 감싸고 공황 상태에 빠졌다. 나중에 있었던 증언에 따르면, 동요한 나머지 한 시간 정도 기억이 사라졌다고 한다. 편의점 CCTV에는 당황한 그가 계산대 점원에게 "돈이 안 나온다"며 필사적으로 호소하다가 공연히 화장실을 들락거리는 모습이 찍혀 있다. 그동안 외면했던 현실을 맞닥뜨리고 무너져 내린 것이다.

다음으로 다카시가 기억하는 장면은 편의점에서 집으로 돌아온 뒤다. 그는 어깨를 늘어뜨리고 집에 있던 소주를 마셨다. 절망의 구렁텅이에서 마시면 마실수록 삶에 대한 회의가 커졌다.

다카시는 컵을 쥐고 중얼거렸다.

"어떡하지? 이제 돈을 못 빌리면 끝장이야."

아야코는 아무 말이 없었다. 다카시는 당장이라도 울음을

"돈을 못 빌리면 죽을 수밖에…"

터뜨릴 것 같은 목소리로 말했다.

"이걸로는 톨게이트 요금도 못 내. 택시 일도 못 해. 생활이 불가능해."

빚으로 미뤄 왔던 '파산'이 눈앞에 다가온 것이다.

"시골에서 돈 빌릴 수 있는지 물어볼까?"

아야코가 슬쩍 물었다.

"가능해?"

"얼마나 필요해?"

"13만 엔 정도……."

이미 친척들에게 진 빚이 상당했기 때문에 더 빌릴 수 있을지 알 수 없었다.

아야코는 친척에게 전화를 걸었다. 이야기를 들은 친척은 다카시를 바꿔 달라고 했다. 그에게 돈을 갚을 의지가 있는지 확인하고 싶었던 것이다.

그러나 다카시는 전화를 받으려 하지 않았다. 빌린 돈을 갚지도 않았는데 또 돈을 빌리려는 자신을 비난할까 두려웠다. 친척은 그런 다카시의 태도에 화를 냈다.

"다카시가 전화를 안 받으니 빌려주기는 어렵겠어."

"그래도……."

"갚을 생각이 없으니까 전화를 안 받는 거잖아. 그럼 빌려줄 수 없지."

전화는 끊겼다. 아야코에게도 방법이 없었다.

다카시는 컵에 든 소주를 들이켰다. 머릿속에 떠오른 것은 "자살"이라는 두 글자였다. 모든 것을 잃고 어머니와 둘이서 노숙자가 되어 비참한 생활을 하느니 사라지고 싶었다.

그는 컵을 쥔 채 말했다.

"그냥 죽을까?"

74세의 아야코가 매달 받는 연금은 4만 엔. 3급 장애인이었지만, 장애연금 지급 조건을 충족하지 못해 국민연금밖에 지급받지 못했다. 아마도 미납 기간이 있었던 탓일 것이다.[■]

아야코는 말했다.

"편히 죽을 수 있으면 좋을 텐데, 어떻게 하려고?"

"괜찮아. ○○[■■]이 있으니까 고통 없이 죽을 수 있어."

몇 년 전 사둔 ○○이 집에 있었다. 일산화탄소를 발생시키면 잠든 것처럼 죽을 수 있다고 생각한 것이다.

아야코는 아무 말도 하지 않았다. 장애가 있는 몸으로 혼자 살아갈 자신이 없었는지도 모른다. 다카시는 그런 어머니를 보고 함께 죽는 데 동의했다고 판단했다.

[■] 연금보험료 미납 기간이 가입 기간 중 3분의 1을 넘을 경우에는 연금 수령이 불가능하다.

[■■] 옮긴이의 판단으로 자살에 사용된 도구는 밝히지 않는다.

다카시는 그 뒤로도 수십 분간 말없이 술을 마셨다. 술기운으로 죽음에 대한 공포를 달래려 한 것이다. 이윽고 결심이 서자 일어서서 ○○을 들고 부엌으로 옮겼다. 그는 창문과 방문이 닫힌 것을 확인하고 가스레인지 위에 ○○이 담긴 그릇을 놓고 불을 켰다.

부엌에 우두커니 서있는 다카시에게 아야코가 말했다.

"탄내가 나네!"

정신을 차리고 보니 고약한 냄새가 진동했다. 가스레인지에 올려놓은 플라스틱 그릇이 녹아내리고 있었다.

당황한 다카시는 그릇을 싱크대에 던져 물로 불을 껐다. 스스로가 말할 수 없이 한심했다. 도대체 뭘 하고 있는 건가? 제대로 죽지도 못한단 말인가?

다시금 정신을 가다듬고 이번에는 프라이팬을 올린 후 그 위에 ○○을 놓았다. 한동안 불을 지피고 있으니 희미하게 연기가 피어올랐다. 다카시는 이제 편히 죽을 수 있다고 생각했다.

그는 어머니에게 말했다.

"마지막으로 한잔할까요?"

"그래, 그럴까?"

찬장에서 유리잔을 꺼내 커피 리큐어와 우유를 섞어 깔루아 밀크를 만들었다.

둘은 아무 말 없이 마셨다. 가스레인지 위에서는 ○○이

조용히 타고 있었다. 냄새는 거의 나지 않았다.

아야코는 깔루아 밀크를 반쯤 마신 뒤 조용히 일어나 바닥에 깔려 있던 이불 속으로 들어갔다. 그녀는 입을 다문 채 눈을 감았다. 갑자기 외로워진 다카시는 소주를 다 마신 뒤 아야코 옆에 누웠다.

함께 살기 시작한 뒤로 몇 번 어리광을 부리며 나란히 누워 자려 한 적이 있었지만 "좁으니 들어오지 마"라는 소리를 들었다. 그러나 그녀도 이때만은 받아 주었다. 죽을 때만큼은 아들과 나란히 눕고 싶었는지 모른다.

다카시는 그런 어머니의 온기를 느끼며 눈을 감았다. 술을 엄청나게 마셨던 탓에 의식이 천천히 멀어졌다. 이제야 겨우 빚으로부터 도망칠 수 있다. 그는 이상한 안도감 속에서 잠이 들었다.

서너 시간쯤 지났을까? 해 질 녘의 옅은 어둠 속에서 다카시는 지독한 두통을 느끼며 깨어났다.

눈을 떴지만 시야가 흐릿해서 무슨 일인지 알 수 없었다. 온몸이 마비되어 일어설 수조차 없었고 속은 심하게 메슥거렸다. 그는 바닥을 나뒹굴며 몇 번이나 구역질을 했다. 손발은 물론 손톱 끝까지 납처럼 무거워서 일어서려 해도 자꾸만 쓰러졌다. 침인지 위액인지 모를 것이 입속에서 흘러나왔다. 어쩌다 이렇게 된 걸까?

이불을 덮고 있는 아야코가 시야에 들어왔다. 눈을 감은 채 움직이지 않았다. 필사적으로 입을 열어 말을 걸어 보았지만 반응이 없었다. 머릿속에서 기억이 돌아왔다.

'그래. 자살을 하려고 했지.'

가스레인지 위의 ○○은 모두 연소된 상태였다.

다카시는 엉금엉금 기어서 이불로 다가갔다. 아야코의 얼굴을 바라보니 얼굴에는 핏기가 가셔 있고 호흡은 없었다. 팔과 얼굴은 싸늘했다. 어머니만 죽은 것이다. 머릿속이 새하얘지면서 다시 죽어야겠다는 생각이 들었다. 그러나 몸이 말을 듣지 않았다. 다카시는 바닥에 누운 채 회한의 눈물을 흘렸다.

새벽 3시가 지나서야 다카시는 몸의 마비가 풀리는 것을 느끼고 일어날 수 있었다. 아직도 머리가 깨질 듯이 아팠고 구토가 파도처럼 밀려왔다. 그래도 그는 성치 않은 발걸음으로 천천히 아파트를 나섰다. 이렇게 된 이상 경찰에 자수해야겠다는 생각이 들었다.

아파트에서 경찰서까지는 불과 150미터 거리였지만 중간중간 쉬면서 걸어야 했다. 마치 산소가 희박한 고산지대를 걷는 기분이었다. 인근 국도 끝에서 빛나는 경찰서 간판이 멀게만 느껴졌다.

겨우 경찰서에 도착해 자동문을 지나 정면에 위치한 카운터에 몸을 얹었다. 당직 경찰관은 고개를 들고 수상하다는 눈빛으로 그를 쳐다보았다. "무슨 일이시죠?" 다카시는 목의 통증을 참으며 갈라진 목소리로 말했다.

"어머니를, 죽였습니다……."

경찰관이 되물었다. 다카시는 말했다.

"새, 생활이 힘들어서 같이 죽을 생각이었습니다. 근데 저만 못 죽고 여기 왔습니다."

당직 경찰관이 상관에게 달려가 사정을 전하자 경찰서 안이 소란스러워졌다. 경찰관들이 모여들었고 상황 파악을 위한 질문들이 쏟아졌지만, 다카시는 제대로 서있기도 힘에 부쳤고 질문을 제대로 알아들을 수조차 없었다.

반년 뒤, 도쿄 지방재판소에서 열린 재판에서 다카시의 죄명은 '촉탁살인'이었다. 상대방으로부터 의뢰를 받아 실행한 살인이라는 뜻이다.

법정에서 다카시는 이 죄명에 몇 번이나 당혹감을 나타냈다. 자신은 어머니와 함께 죽으려 했을 뿐 '살인'은 하지 않았다는 것이다. 동반 자살 중에 이렇게 주도적 위치에 있었다면 촉탁살인으로 재판을 받는다는 설명을 듣고 나서도 냉정히 받아들일 수 없는 것 같았다.

쟁점은 아야코에게 자살 의사가 있었는지의 여부였다. 재판관은 다카시의 증언을 통해 아야코의 자살 의사를 인정했고 징역 3년, 집행유예 5년의 판결을 내렸다.

재판이 끝나고 얼마 후 내게 다카시의 편지가 도착했다. 그는 사건 현장이 된 아파트로 돌아가 살고 있었다. 그러나 어머니와 함께한 추억이 남은 집은 대출금 상환이 어려워 곧 이사가 예정돼 있었다.

4

가족의 정신 질환

"이제 편해져도 돼…"

2015년, 도쿄 교외의 한 사건 현장은 젊은 경찰관의 눈에도 무척이나 부자연스러워 보였다.

사건이 벌어진 곳은 주택가에 위치한 커다란 단독주택. 이웃들에게는 '자산가'의 집으로 알려져 있었고, 40대 자매와 언니가 낳은 초등학생 딸, 세 식구가 살았다.

5월 초순의 어느 날 새벽, 이 집에서 가족 중 한 명이 자살했다는 신고 전화가 걸려 왔다. 경찰관들이 경찰차 여러 대를 몰고 도착했다. 현관 바닥에는 45세 큰딸이 이불을 덮은 상태로 쓰러져 있었다. 바닥은 피로 흥건했다.

현장에 있던 사람은 그 집에 살던 43세 둘째 딸, 그 지인인 44세 남성, 그리고 지바에 거주 중이던 37세 막내였다.

세 사람은 입을 모아 말했다.

언니가 현관에서 자살했습니다. 칼로 목을 찔렀습니다.

경찰은 그 말을 곧이곧대로 믿을 수 없었다. 시신에는 찔린 흔적 외에도 목에 검은 가죽 벨트를 두른 흔적이 있었기 때문이다. 피부에는 강하게 목을 졸린 흔적이 선명했다.

정말 자살이라면 스스로 벨트로 목을 조른 후 칼로 목을 찔러 죽었다는 이야기가 된다. 그러나 그런 방법이 부자연스럽다는 사실은 누가 봐도 명백했다. 경찰은 일단 시신을 경찰서로 옮겨 조사를 시작했다.

며칠 뒤, 부검을 통해 밝혀진 사인은 경부 압박으로 인한 질식사였다. 먼저 목을 찌른 뒤 벨트로 목을 조른 것이다. 목의 상처는 한 군데, 깊이는 11센티미터, 피부엔 부러진 과도 끄트머리가 남아 있었다. 경동맥이 끊겨서 피가 샘솟는 와중에 스스로 목을 조를 리는 없다.

경찰은 자살 가능성은 매우 희박하다고 판단했다. 현장에 있던 세 사람에게 참고인 신분으로 진술을 듣기로 했다. 처음에 세 사람은 자살이라고 주장했지만 취조가 진행되자 모순점이 생겼다.

2개월 뒤, 셋은 살인 혐의로 체포되었다. 경찰 조사에서 큰딸의 사인이 자살이 아닌 살인이라고 시인한 것이다. 언론은 경찰로부터 그 정보를 얻은 뒤, 자산가 자매들 사이의 상속문제에 초점을 맞췄다. 한때 주간지와 인터넷 신문에서도 사건은 큰 화제였다.

그러나 반년 뒤에 열린 재판에서 밝혀진 진실은 보도와는 달랐다. 그 이면에는 슬픈 가족사가 있었다.

"이제 편해져도 돼…"

사건이 일어난 동네는 도쿄와 인근 현 사이의 베드타운으로 알려진 곳이었다. 니시모토 일가의 저택은 역에서 걸어서 5분 거리의 주택가에 위치해 있었다. 기와지붕을 얹은 이층집은 눈에 띄게 커 보였고, 대문에서 집까지 푸른 정원이 펼쳐져 있었다. 집 앞에는 자기 소유의 큰 주차장이 있었고, 근처에 세를 준 아파트도 있었다. 한 언론은 부동산 수입만 매달 120만 엔 정도였다고 추산했다.

원래 이 집에는 부모와 세 자매가 살고 있었다. 첫째 후유미, 둘째 에리코, 막내 마사요. 후유미와 에리코는 두 살 터울, 에리코와 마사요는 여섯 살 터울이었다.

인근 주민에 따르면 아버지는 자산가로 전력 회사에 다녔다. 세 자매는 사이가 좋았고 아무 부족함 없이 학창 시절을 보냈으며 성인이 되어서도 친척들과 화목하게 지냈다. 특히 외삼촌네와 사이가 좋아서 외삼촌 생일에는 셋이서 축하를 하러 갔다고 한다.

첫째 후유미는 자매들 중에서 특히 책임감이 강했던 모양이다. 간호학교를 졸업한 후 병원에서 간호사로 일하다가 몇 년 뒤 자매들 중 가장 빨리 결혼하면서 집을 나갔다.

둘째 에리코는 첫째와 달리 자유분방한 성격이었다. 파견직으로 일하며 휴가 때마다 여행을 다니는 게 취미였는데, 30대 초반에 결혼해서 남편과 함께 홋카이도로 이사했다.

막내 마사요는 언니들과 나이 차가 있었던 만큼 응석받이로 자랐다. 자기 주관대로 묵묵히 일하는 스타일이었고, 언니들이 결혼한 뒤에도 한동안 본가에서 지내고 있었다.

아무런 문제가 없어 보이던 가정에 암운이 드리운 것은 에리코가 홋카이도로 이주한 다음 해인 2003년이었다. 그해 후유미는 30대 중반의 나이로 첫 아이 나쓰카를 출산했다. 건강하고 귀여운 아이였다.

후유미는 간호사였던 경험을 살려 육아에 열중했다. 그러나 점차 마음의 병을 앓게 되었다. 얼마 후 육아는커녕 가족과의 생활도 어려워졌다. 사소한 일에도 공황 상태에 빠져 울음을 터뜨리거나 방에서 나오지 않았고 남편과도 사이가 벌어지기 시작했다.

자신의 상태를 자각한 후유미는 정신과를 찾았다. 의사는 이렇게 말했다.

우울증입니다. 약을 처방하겠습니다.

후유미는 의사의 지시대로 항우울증 약을 복용했지만, 병세는 나날이 악화됐다. 나쓰카의 울음소리만 들려도 우왕좌왕했고, 남편과는 얼굴만 봐도 싸움이 났다. 가정은 파탄 난 상태나 다름없었다.

"이제 편해져도 돼…"

결국 후유미는 나쓰카를 데리고 남편을 떠나 친정으로 돌아가기로 한다. 남편도 후유미와 부부 관계를 지속하기 어렵다고 판단하고 딸을 데려가는 데 동의했다.

이때 친정에는 아버지 신페이와 어머니 도시코가 살고 있었다. 막내 마사요는 얼마 전 결혼해 집을 나간 상태였다. 신페이와 도시코는 큰딸과 손녀를 받아들였지만, 마음의 병을 앓는 후유미와 생활하며 곤란한 상황이 이어졌다.

후유미는 감정을 억누르지 못하고 하루에도 몇 번씩 부모에게 큰소리로 욕설을 퍼부었다. 두 사람이 한마디라도 반박하면 몇 배나 더 욕설을 들어야 했고, 물건을 던지거나 가구를 부수기도 했으며, 가위를 들고 달려드는 일도 있었다. 병은 상당히 악화된 상태였다.

노년에 접어든 부부는 이런 일을 정신적으로 견디기 어려웠다. 후유미만이라면 집에서 쫓아내거나 자신들이 나갈 수도 있었을 것이다. 문제는 후유미가 나쓰카를 학대하는 것이었다. 육아도 하지 않고 소리를 지르며 때리는 일이 일상적으로 반복됐다. 나쓰카를 생각하면 둘만 내버려 둘 수 없었다.

신페이와 도시코는 이대로 가다가는 나쓰카의 성장에 좋지 않다고 판단하고 아이에게 좀 잘하라고 몇 번이나 주의를 주었지만 그럴 때마다 후유미는 욱해서 이렇게 말했다.

내 기분도 모르는 게 뭐라는 거야! 엄마 아빠도 우울증에 걸려 봐! 나처럼 괴로워하면서 죽어 버려!

상태가 불안정해지면 타인뿐 아니라 스스로에게도 위해를 가했다. 우울증이 심할 때는 며칠간 방에 틀어박혀 "죽고 싶어. 누가 좀 죽여 줘"라고 하다가 결국 약을 털어 넣거나 손목을 그었다.

신페이와 도시코는 후유미가 나쓰카까지 함께 죽이는 것은 아닌지 노심초사였다. 그러다 두 사람이 의지하게 된 것이 결혼해 홋카이도에 살던 둘째 에리코였다.

그 무렵 에리코는 홋카이도에서 여전히 자유로운 생활을 즐기고 있었다. 여행이 취미였기에 차로 조금만 가면 대자연이 펼쳐지는 북쪽 지방에서의 생활을 무척 즐거워했다. 아이도 없었기 때문에 주말이면 남편과 외식을 하거나 여행을 다녔다.

도쿄의 친정으로부터 후유미에 대한 상담이 문자나 전화로 오기 시작한 것은 이사 후 1년쯤 지나서였다.

후유미가 난동을 부리고 가구를 부순다.
죽고 싶다면서 목을 맸다.

오늘도 칼을 들고 공격해 왔다.

가슴이 찢어질 만한 내용이었다.

에리코는 친정에서 연락이 올 때마다 불만을 들어주고 충고를 했지만, 문자나 전화로는 한계가 있었다. 부모의 스트레스가 한계에 달했다 싶을 때는 남편과 상의해서 도쿄로 돌아가 며칠간 친정에서 지냈다. 조금이라도 숨을 돌리게 할 생각이었는데, 달리 도움을 청할 곳이 없던 부모는 에리코에게 점점 더 의존하게 되었다.

당시 후유미에 대해 에리코는 이렇게 말한다.

언니는 집 밖엔 일절 나오려 하지 않았고, 육아도 가사도 전혀 할 수 없는 상태였습니다. 항상 "애를 낳지 말 걸 그랬다"라거나 "이렇게 된 건 부모님 때문이다"라면서 난동을 부렸죠. 몇 번 정신병원에 입원한 적도 있는데, 전혀 좋아지지 않았어요. 어머니는 언니를 두려워했습니다. 언제 쓰러져도 이상하지 않을 정도로 힘들어해서 몇 번이나 친정에 가서 엄마를 도왔습니다. 언니는 저를 못마땅하게 여겨서 집에 있기만 해도 "네가 오면 집이 더러워진다" 이랬어요. 밥을 해도 "맛없어서 못 먹겠다" 이러면서 토하기도 했고요. 부모님은 매일 이런 상황을 견뎌야 했으니 오죽했겠어요.

친정에 있는 동안 에리코는 한순간도 나쓰카 곁을 떠나지 않았다. 친구가 만나자고 해도 거절했고, 장을 볼 때나 은행에 갈 때도 늘 함께했으며, 잘 때도 한 이불을 덮고 잤다.

나쓰카는 그런 에리코를 친어머니 이상으로 따랐고, 홋카이도로 돌아갈 때면 "더 있어!" "다음엔 언제 와?" 하면서 울었다. 에리코는 그 말을 들을 때마다 가슴이 찢어지는 기분이 들어서 "곧 다시 올게"라고 말하며 끌어안았다. 언제부턴가 그녀에게 나쓰카는 딸과 같은 존재가 되어 있었다.

그런 에리코가 가족 외에 유일하게 터놓고 이야기하는 상대가 있었다. 바로 미사와 다케시였다. 두 사람의 만남은 몇 년 전으로 거슬러 올라가는데, 에리코가 결혼 전 파견직으로 일하던 회사의 상사가 다케시였다.

다케시는 가정이 있었지만 같은 직장의 에리코에게 호감을 품고 있었다. 몇 번 식사를 한 적이 있었지만 짝사랑으로 끝났고, 에리코는 다른 남성과 결혼한 뒤 홋카이도로 이주했다.

두 사람이 다시 만난 것은 2005년 가을이었다. 다케시는 에리코를 잊지 못하고 연락했다. 홋카이도로 여행을 떠난 다케시는 삿포로역에서 에리코를 만나 맥주 파티에 갔다가 저녁을 먹었다.

그때는 술만 마시고 헤어졌지만, 다케시는 이듬해 1월과 2월에 홋카이도를 다시 찾아 마음을 고백했다. 다케시의 매력에 빠진 에리코는 하룻밤을 같이 보냈고, 친정에 대한 이야기도 털어놓았다. 다케시는 진지하게 이야기를 들어주었다.

에리코는 말한다.

저는 가정이 있는 홋카이도에서 쭉 살 생각이었어요. 그렇지만 친정 문제를 다케시에게 털어놓다가 도쿄로 돌아가는 것도 방법이겠다 싶었죠. 부모님만으로는 상황이 바뀌지 않을 거고, 나쓰카에게는 엄마를 대신할 존재가 필요했어요. 그렇게 할 수 있는 건 저뿐이었죠. 그렇지만 남편과 이혼할 결심까지는 서지 않았어요. 그렇게 결정을 미루고 있었죠.

에리코가 결심을 굳히게 만든 사건이 벌어졌다. 이대로는 가족 모두가 무너진다고 생각한 부모가 상황을 개선하고자 후유미를 대학병원에 데려가 반강제로 입원을 시킨 것이다.

그러나 입원은 실패로 끝났다. 후유미는 치료를 거부하며 난동을 부렸고, 간호사와 다른 환자들을 괴롭히다가 2주 만에 집으로 돌아왔다. 후유미는 자신을 입원시킨 부모에게 분노를 터뜨렸다.

이 사건을 계기로 후유미는 부모를 전보다 더 심하게 대했다. 집에서는 고함 소리와 폭력이 끊이지 않았고, 나쓰카의 울음소리가 울려 퍼졌다.

이 사실을 알게 된 에리코는 자기밖에는 가족을 구할 사람이 없다고 결심을 굳혔다.

'도쿄로 돌아가서 나쓰카의 어머니로 살자.'

그것이 그녀의 결심이었다.

2006년 봄, 남편과 헤어진 에리코는 도쿄의 친정으로 돌아왔다. 모두 나쓰카를 지키고 돌보기 위해서였다. 에리코는 단단히 각오하고 한동안 다케시와도 만나지 않았다.

집에서는 에리코와 부모가 단합해 서로 협력하는 체계가 갖추어졌다. 집안일도 분담했고 모두가 나쓰카의 공부를 돕거나 함께 놀아 주며 정서가 불안한 후유미를 잘 진정시켰다. 또 서로 푸념을 나누면서 스트레스도 많이 줄일 수 있었다.

에리코는 자기 시간의 대부분을 나쓰카를 위해 썼다. 식사 때는 반드시 모두가 함께 먹었고, 휴일에는 유원지나 공원 등으로 놀러 나갔으며, 밤에는 잠들 때까지 그림책을 읽어 주었다. 친어머니가 아니었기에 더 애정을 쏟으려 노력했다. 이만큼 할 수 있었던 것은 부동산 수입 덕분에 집안일에만 온전히 집중하는 게 가능했기 때문이기도 하다.

그렇다 해도 후유미의 기분이 어떻게 변할지 몰라 세 사

"이제 편해져도 돼…"

람은 매일 전전긍긍했다. 에리코는 이렇게 말한다.

> 집에서 부모님과 저는 한순간도 쉴 수가 없었어요. 예를 들어 어느 날 밤, 저랑 나쓰카가 자고 있는데 갑자기 언니가 밧줄을 들고 소리를 지르며 나타났어요. 언니는 저희 앞에서 목에 밧줄을 감고 "이걸로 내 목을 졸라! 이렇게 살고 싶지 않아. 죽여 줘!" 이러면서 소리를 질렀어요. 저희가 주저하면 주저한다고 화를 냈어요. 밤낮없이 갑자기 그런 일이 생기니까 저는 나쓰카를 혼자 둘 수가 없어서 항상 경계 태세였어요.

에리코는 부모와 셋이서 후유미를 그나마 통제할 수 있는 동안에, 전문 병원에서 치료를 받게 하고 싶었다. 이번에는 전국적으로 유명한 대학병원에 입원시키기로 했다.

그러나 이번에도 결과는 최악이었다. 병원에서 다시 소동을 일으킨 후유미는 불과 열흘 만에 집으로 돌아왔다. 후유미는 가족들이 자신을 속였다며 화를 냈다.

"날 두 번이나 입원시켰어!"

"그런 게 아니야. 언니를 위해서였어."

"거짓말하지 마! 다 죽여 버릴 거야!"

퇴원 후 후유미는 집 안에서 셋이서도 감당할 수 없을 정도로 난동을 부렸다. 괴로운 투병 생활을 가족들이 몰라준다는 억울함도 있었을 것이다. 상황이 이렇게 되자 에리코와 부모 역시 당분간 치료를 미루고, 자신들끼리 힘을 합쳐 대처해 나가기로 했다.

그런데 그런 생활을 뒤흔든 사건이 발생한다. 2011년 초, 아버지 신페이가 뇌출혈로 갑자기 쓰러진 것이다. 신페이는 병원으로 옮겨져 치료를 받았지만 반년 만에 세상을 떠났다.

가족 중에서도 어머니 도시코의 충격은 컸다. 장례식이 끝난 뒤에 어머니는 상심한 나머지 몸져누웠다. 에리코는 아버지의 몫까지 최선을 다해 생활을 유지하려 했지만 심신의 부담은 상상 이상으로 커졌다. 아버지 대신 집안의 힘쓰는 일을 도맡았을 뿐만 아니라 후유미가 불안정해지면 혼자서 막아야 했다. 아파트 청소나 입주자 문제 등 부동산을 관리하는 일까지 산더미처럼 쌓여 있었다.

에리코는 그동안 거리를 두고 있던 미사와 다케시에게 연락해 다시 가정 문제를 상담하게 되었다. 체력적인 문제는 물론이고 마음의 짐을 누군가와 공유하고 싶었던 것이다. 얼마 전에 이혼을 하고 혼자였던 다케시는 기꺼이 가전제품을 수리하거나 짐을 옮기는 일 같은 것들을 도왔다. 두 사람은 급속도로 가까워졌고 에리코는 어머니와 여동생 마사요에게 그와의 관계를 털어놓게 되었다.

"이제 편해져도 돼…"

그런 가운데 또다시 불운이 다가왔다. 남편을 잃은 슬픔을 딛고 일어서려던 도시코에게 갑상샘암이 발견된 것이다. 도시코는 곧 치료를 시작했고 집과 병원을 오가는 날들이 시작됐다. 에리코의 부담은 더욱 커졌다.

다케시는 당시 상황에 대해 이렇게 말한다.

어머님 암이 발견된 뒤부터 에리코는 집안일부터 병원을 오가는 일까지 혼자서 다 해야 했어요. 안타까운 마음이 들었죠. 전화로 그런 고충을 많이 들었습니다.

에리코가 괴로워했던 건 집안일과 어머님뿐만 아니라 후유미 씨 일까지 도맡아야 했던 겁니다. 병원에 갔다 오면 후유미 씨의 폭언과 폭력이 기다리고 있었어요. 후유미 씨는 자살 충동이 강해서 독버섯을 가져오라고 하거나 언제든 죽을 수 있게 과도를 머리맡에 놔두고 있었다고 하더군요. 자칫하면 나쓰카까지 당할 수 있다는 생각에 에리코는 마음 놓고 쉴 수조차 없었죠.

불과 1년 만에 세 사람이 함께하던 일을 에리코가 모두 짊어지게 된 것이다.

그러는 동안에도 도시코의 암은 계속 악화돼 완치를 기대할 수 없을 정도가 되었다. 체력이 떨어지고 할 수 있는 일이 하나둘 사라져 가면서 도시코는 혼자 남겨질 에리코의 미래를 걱정하게 되었다. 자신이 죽은 뒤 에리코가 혼자서 후유미를 상대하기는 불가능할 것이다. 그게 마음에 걸렸다.

어느 날 문병을 온 막내 마사요에게 도시코는 기어들어 가는 목소리로 말했다.

"후유미가 무서워. 정말 무서워……. 내가 죽으면 이 집에 혼자 남겨질 에리코가 걱정이야."

마사요는 뭐라 대답해야 할지 몰랐다. 도시코는 이어서 말했다.

"난 몸이 이러니 어떻게 돼도 상관없어."

"무슨 소리야?"

"정말 어떻게 돼도 상관없어. 감옥에서 죽어도 돼."

마사요는 등골이 오싹했다. 어머니가 친딸을 죽이려 한다는 말을 입 밖에 내는 지경까지 이르다니.

도시코가 암으로 죽은 것은 남편이 죽고 2년 뒤인 2013년 여름이었다. 에리코는 장례식을 준비하면서도 어머니를 잃은 슬픔보다 앞으로 집에서 일어날 일에 대한 두려움이 더 컸다. 이제 부모님이 세상을 떠난 이상 자신이 혼자서 후유미를 상대해야 하는 것이다.

장례식이 끝난 직후, 에리코의 걱정은 현실이 된다. 집에는 도시코의 유골함과 영정이 국화꽃과 함께 놓여 있었다. 밤에 에리코와 아홉 살 나쓰카가 그 앞에 앉아 있는데, 갑자기 후유미가 쿵쾅거리며 방에 들어오더니 꽃병의 꽃을 뽑아 집어던지고 담겨 있던 물을 영정에 들이부었다. 물에 젖은 영정이 쓰러졌다.

두려움에 나쓰카는 비명을 질렀고 당황한 에리코가 말리겠다고 나섰다.

"언니, 뭐하는 거야! 그만둬!"

후유미는 에리코의 팔을 뿌리치고는 후려쳤다. 그리고 유골함에 손을 집어넣더니 유골을 꺼내 울고 있는 나쓰카에게 던졌다. 후유미는 이렇게 소리쳤다.

"나쓰카, 이것 좀 봐! 뼈야!"

나쓰카는 공포에 질린 나머지 그 자리에서 오줌을 쌌다. 에리코는 나쓰카를 껴안고 다른 방으로 도망쳤다.

그날 밤은 늦게까지 후유미의 고함 소리가 집 안에 울려 퍼졌다. 유골함을 발로 차고 벽을 때리는 소리가 들렸다. 에리코는 겁에 질린 나쓰카를 껴안고 지옥문이 열렸음을 실감했다.

가을이 되자 에리코의 집에서는 49재가 끝나고, 평소와 다를 바 없는 일상이 시작됐다.

저택은 후유미, 에리코, 나쓰카 세 사람이 지내기에는 너무 넓었다. 하지만 후유미가 언제 착란 증세를 보일지 모른다고 생각하면 아무리 방이 많아도 마음이 편치 않았다.

그 무렵 후유미는 틈만 나면 "힘들다"라거나 "사는 게 괴롭다"고 말했다. 부모의 연이은 죽음이 그녀의 마음에 깊은 상처를 남겼는지도 모른다. 얼마 뒤 "죽고 싶다"라거나 "다 죽여버리겠다"라고 쓴 처방전과 메모장이 테이블 위에서 발견되었다. 자살 충동이 커진 것이다.

에리코는 그런 메모를 볼 때마다 공포에 떨었다.

'어쩌면 나와 나쓰카를 진짜로 죽이려는 게 아닐까?'

밤에 자다가도 작은 소리만 나면 후유미가 공격해 오는 건 아닐까 하는 불안감에 벌떡 일어났다. 어디 눈에 띄는 곳에 칼이나 가위 같은 걸 놔두진 않았나 하는 걱정에 온 집 안을 몇 번씩 둘러보기도 했다.

몇 날 며칠 제대로 잠을 이루지 못하면서 에리코는 신경이 점점 더 예민해졌다. 정상적인 생각이 불가능해지고 사소한 일에도 불안은 걷잡을 수 없이 커졌다. 갑자기 울음을 터뜨리거나 집에만 틀어박혀 있는 일도 잦았다. 사람을 만나는 것도 점점 어려워졌다.

에리코는 당시 상황을 이렇게 회상한다.

언니 때문에 제 머리도 이상해지고 있다는 생각이 들었어요. 갑자기 가슴이 두근거리기도 하고 맞은 기억이 되살아나서 공황 상태가 됐거든요. 나도 마음의 병에 걸린 게 아

닐까 싶어서 대학병원 정신과를 찾았죠. 의사 선생님이 그
러시더군요.

"우울증입니다. 언니분의 위험신호를 직접적으로 받
다 보니 그런 것 같네요."

자신의 고통을 타인에게 알리기 위해 일부러 폭력을
행사하거나 자살 미수를 저지르는 게 위험신호라고 하더
군요. 언니의 위험신호를 제가 정면으로 받아 버려서 저까
지 마음의 병에 걸린 거랬어요.

의사는 저한테 신경안정제를 처방해 주면서 언니 말
은 흘려들으라고 조언했어요. 그렇지만 그런 게 해결책이
될 순 없었습니다. 그런다고 나쓰카나 저 자신을 지킬 수는
없었으니까요.

에리코는 병원에 의지하는 대신 민간단체를 찾았다. 우울
증 환자의 가족을 지원하는 곳이었다. 에리코는 그 단체가 주
최하는 세미나를 찾아가 대표자에게 언니와 자신의 상황을 이
야기하고 해결책을 물었다.

대표자는 이렇게 대답했다.

'전염된 우울증' 상태네요. 우울증 환자를 돌보다가 가족까
지 우울증에 걸린 거예요. 저도 예전에 우울증에 걸린 아내

를 돌보다 그렇게 된 적이 있어요. 중요한 건 언니 분과 물리적 거리를 두는 겁니다.

맞는 말이었지만, 부동산 관리도 해야 했기 때문에 현실적인 해결책은 아니었다.

병원과 단체 어디서도 도움을 받을 수 없다고 여긴 에리코는 다케시와 마사요에게 하루에도 몇 번씩 문자나 전화로 불만을 토로했다. 그렇게라도 하지 않으면 괴로움을 이겨 내지 못했을 것이다.

당시 보낸 문자 메시지를 보면 그녀가 정신적으로 폭발 직전의 상태였음을 알 수 있다.

또 맞았어. 앞으로 백 번은 더 맞아야 하나 봐. 그냥 죽으면 될까?

어쩌면 우릴 죽일지도 몰라. 또 맞았어. 우리 태도가 마음에 안 드나 봐.

다케시는 매일 도착하는 메시지에 성심성의껏 답장을 해 주었다. 그녀에 대한 애정도 있었을 것이다. 그는 에리코의 행동을 칭찬해 주면서 무슨 일이든 하겠다고 말했다.

에리코는 가족 같은 다케시에게 마음을 열고 후유미에 대

"이제 편해져도 돼…"

한 분노를 드러냈다. 일종의 스트레스 해소책이었다. 그러나 표현은 점점 과격해졌다.

그 상징이 문자에서 많이 사용된 "K"라는 은어다. 이는 살인을 뜻하는 말이었다.

(후유미가) 수면제를 먹고 정신을 못 차리고 있어. 지금이라면 정말 K할 수 있을 것 같아.

처음에는 입에 담기 어려운 감정을 "K"라는 난폭한 말로 표현했을 것이다. 그러나 매일 그 말을 사용하고 동조하다 보니 점차 유일한 해결책으로 생각하게 되었다.

다음은 에리코와 다케시가 주고받은 대화다.

다케시　언니가 날 어떻게 생각하나요?
에리코　요즘엔 다케시 얘기를 안 해요. (저는) 죽일까 하는
　　　　생각만 하고 있어요.
다케시　언니를요?
에리코　물론이죠.
다케시　내가 대신 해주고 싶네요.

훗날 재판에서 이 메시지가 살의를 드러낸 것이라는 지적

을 받자 다케시는 "(대화 흐름상 그렇게 썼을 뿐) 진심은 아니었다"라고 대답했다. 실제로도 그는 적극적으로 후유미를 살해할 이유가 없었고, 에리코에게 동조했을 뿐이라 추측된다.

그러나 에리코는 그렇게 받아들이지 않았다. 후유미에 대한 증오와 공포가 우울증과 맞물려 진짜 살의로 바뀌었다. 에리코는 동생 마사요에게도 다음과 같은 메시지를 보냈다.

이제 틀렸어. 내가 죽어야 하는 걸까? 몇 년 전부터 K를 생각 중이야. 그것밖에 없는 것 같아. 우리가 할까? 이제 그 방법밖에 없어.

마사요는 언제부턴가 에리코가 살의를 품게 된 것을 알고 동요했다. 그녀는 외삼촌에게 상의하러 가자고 제안했다. 어릴 적부터 친하게 지내던 외삼촌이라면 도움을 줄 것 같았다. 하지만 이런 제안에 에리코는 격분했다.

에리코   안 돼! 병원에 입원시켰을 때도 나중에 화를 내면서 난동을 부렸잖아! 외삼촌이랑 의논한 게 들통나면 무슨 짓을 할지 몰라! 외삼촌이랑 이야기하는 건 절대 안 돼.

마사요   그럼 경찰에 가보면 어떨까?

"이제 편해져도 돼…"

에리코　그건 더 안 되지! 넌 진짜 여기가 어떤지 모르는구
　　　　나. 경찰에 가면 나쓰카와 내가 죽어. 우리가 죽이는 수
　　　　밖에 없다고!

10년 가까이 후유미에게 폭행을 당했던 에리코는 도움을
청한다는 선택지는 공포 때문에 생각조차 할 수 없었던 것이다.
　마사요는 친정 일은 에리코에게 맡기고 있던 탓에 그 이
상은 떳떳하게 충고할 수 없었다. 그리고 다케시와 마찬가지
로 에리코의 분노를 들어주면서 겉으로만 동조하게 된다.

에리코　쓰레기통에서 그 인간(후유미) 유서가 나왔어.
마사요　뭐래?
에리코　자살할 거래. 이걸 가지고 있으면 우리가 나중에
　　　　그 인간을 K해도 (경찰에) 자살이라고 얘기할 수 있어.
마사요　잘됐네. 증거가 되겠다.

마사요는 에리코의 진의를 알 수 없었기에 일단 맞장구를
쳤을 뿐이었다. 그러나 에리코는 마사요도 자신과 같은 생각
이라고 받아들이며 살의를 더욱 굳히게 되었다. 이렇게 다케
시와 마사요가 모르는 사이에 에리코는 비극으로 치닫는 길을
걷게 되었던 것이다.

2015년 5월의 쾌청한 토요일이었다. 어머니 도시코의 장례 이후 2년 만에 마사요가 남편과 아이들을 데리고 놀러 왔다. 일주일 전부터 후유미가 에리코에게 정원의 나무를 손질하라고 끈질기게 이야기한 터라 마사요와 히사시 부부에게 도와 달라고 부탁한 것이었다. 어른들이 작업을 하는 동안 아이들은 정원을 뛰놀았다.

이날은 따뜻한 봄날이었는데 다들 땀을 흘리며 세 시간 만에 가지치기를 마쳤다. 작업이 끝난 뒤 에리코는 감사 인사를 겸해 기차를 좋아하는 조카들에게 신칸센을 보여 주겠다며 마사요 가족을 도쿄역으로 데려갔다.

도쿄역에서 즐겁게 시간을 보내고 있을 때, 집에 있던 후유미에게서 문자가 왔다.

정원 손질 완전 불합격. 벌레 먹으면 어쩔 거야. 바보.

관심이 필요했던 것인지, 정말 정원 손질이 마음에 들지 않았는지는 알 수 없다. 그러나 이 문자 메시지를 본 에리코는 파랗게 질린 얼굴로 다시 돌아가 정원을 손봐야겠다고 말했다. 마사요와 히사시는 후유미의 변덕이라 치부하고 무시하면 된다고 말했지만 에리코는 완강했다.

"안 돼! 이대로 집에 가면 무슨 짓을 당할지 몰라! 또 맞을 거야.”

그때까지 겪었던 폭력을 떠올리며 에리코는 몸을 떨었다.

아무리 말려도 그녀는 듣지 않았다. 마사요와 히사시는 난감했지만, 자기들만 도쿄역에서 놀고 있을 수는 없어서 친정으로 돌아갔다. 그리고 오후 3시부터 해 질 녘까지 다시 정원을 손질했다.

그날 밤, 지바에 돌아온 마사요는 기진맥진했다. 하루만 후유미에게 휘둘려도 이렇게 힘든데 에리코가 이상해진 것도 이해가 갔다. 그런데 오후 8시쯤 샤워를 한 후 오늘 있었던 일은 뒤로하고 아이들을 재울 준비를 하는데 전화가 왔다. 에리코였다. 전화기에서 에리코의 비명 소리가 들렸다.

“꺄악! 살려 줘! 아파! 그만!”

마사요가 “여보세요. 무슨 일이야?”라고 물어도 비명 소리만 들릴 뿐이었다. 귀를 기울이자 멀리서 나쓰카의 울음소리도 들렸다. 후유미가 난동을 부려 둘이 도망을 다니는 듯했다.

잠시 후 에리코의 목소리가 들렸다.

“여보세요, 마사요.”

“응. 무슨 일이야?”

“살려 줘! 언니가 난동을 부려서 제어가 안 돼.”

에리코 말로는 나쓰카와 목욕을 하는데 갑자기 후유미가 격분해 들이닥쳤다고 한다. 그리고 둘에게 찬물을 끼얹으며 오늘 정원 손질이 얼마나 마음에 안 들었는지 이야기하기 시작했다. 그 뒤로도 흥분이 가라앉지 않은 후유미는 [돌아가신 어머니 아버지를 모셔 놓은] 불단 앞에 가서 멜론을 포크로 찍었다. 에리코가 그만두라고 하자 후유미는 표정이 바뀌며 소리를 질렀다.

"너희만 없었어도 내 인생은 이렇게 안 됐어! 죽여 버릴 거야!"

그리고 포크를 휘두르며 두 사람에게 달려들자 에리코가 나쓰카와 함께 도망치며 마사요에게 전화를 걸었던 것이다.

전화기 너머에서 후유미의 고함 소리가 들렸다. 사태의 원인이 자신들의 방문 때문이라면 모른 체할 수 없었다. 마사요는 남편 히사시에게 말했다.

"미안. 언니가 집에서 난동을 부려서 진정이 안 되나 봐. 가서 봐줄 수 있어?"

히사시는 마지못해 대답했다.

"알았어. 보고 올게."

히사시는 차를 타고 다시 처가로 향했다. 마사요는 남편을 보낸 뒤 다케시에게도 연락했다. 후유미가 포크를 휘두른다는 말을 듣고 남자가 한 명 더 필요하다고 판단한 것이다.

다케시는 연락을 받고 즉시 말했다.

"알았어요. 지금 당장 갈게요."

그렇게 두 남자가 차로 에리코의 집으로 가게 됐다.

먼저 도착한 것은 다케시였다. 에리코에게 핸드폰 메신저로 집에 가고 있다고 연락하자 후유미를 화나게 하면 안 되니 밖에서 기다리라는 메시지가 도착했다. 집 앞 주차장에 차를 세우고 대기했다. 수십 분 뒤에 히사시도 도착했다.

두 사람이 주차장에서 대기하는 동안 집 안의 에리코에게서 메시지가 도착했다.

그 인간 아직도 화가 나서 날뛰고 있어.

가위를 들고 있어.

지금 2층에 갔어. 나쓰카가 무서워해.

맞았어.

수면제 여덟 알 먹고 몽롱한 상태야.

진짜로 K해야겠어.

집 안에서 심상치 않은 일이 벌어지고 있음은 분명했다. 그러나 집 밖에서 대기하라는 지시가 있는 한 경솔하게 움직일 수 없었다. 둘은 메시지를 보내거나 지바에 있는 마사요에게 보고하면서 세 시간가량을 기다렸다.

사태가 돌변한 것은 자정이 지나서였다. 갑자기 이런 메시지가 도착했다.

(후유미한테) 들켰어! 돌아가!

주차되어 있던 차를 후유미가 내다본 모양이었다. 둘은 후유미가 집 밖으로 나오기 전에 차를 출발시켜 자택으로 돌아갔다. 이날의 소동은 그렇게 일단락됐다.

다음 날 일요일도 쾌청했다.

마사요는 일찍 일어나서 나갈 준비를 했다. 이날은 아침 일찍 미용실에 갔다가 남편과 애들과 함께 외출할 예정이었다. 간밤의 소동 때문에 잠이 부족했지만, 아이들이 기뻐할 모습을 상상하는 것만으로도 기분이 좋았다.

마사요는 집안일을 마치고 예약해 놓은 미용실로 갔다. 한 시간쯤 지나 미용실을 나오면서 보니 휴대전화에 메시지가 여러 통 와있었다. 발신자가 에리코임을 확인하자 기분이 가라앉았다. 메시지 내용은 이랬다.

언니가 또 난리야.
그릇을 다 없애래.
밤에 매제가 와서 화가 났나 봐.

"이제 편해져도 돼…"

날이 밝고 다 끝났다고 생각했는데 친정에서는 아직 소동이 끝나지 않은 모양이었다.

마사요는 에리코에게는 미안하지만 가족과의 외출 약속을 무를 수 없었다. 그대로 남편과 애들을 만나 백화점에 갔다. 애들이 갖고 싶어 하던 게임팩을 사주고는 점심을 먹기 위해 레스토랑에 갔다.

에리코의 전화가 온 것은 그때였다. 에리코는 필사적인 목소리로 말했다.

"언니가 어제 일 때문에 또 난동을 부리고 있어."

"난동?"

"예전에 자살한다고 사놓은 칼을 휘두르고 있어. 나 혼자서는 방법이 없어. 부탁이야. 도와줘."

마사요가 옆에 있던 남편 히사시에게 이야기하자 대답은 싸늘했다.

"어차피 가봤자 어젯밤처럼 몇 시간 동안 주차장에서 대기하는 수밖에 없잖아. 딱 잘라 거절해."

마사요도 같은 생각이었다. 그러나 전화는 계속 울렸다. 메시지가 쌓여 갈수록 마사요는 가슴이 아팠다. 에리코에게 친정 일을 전부 떠안기고 자신만 가족들과 휴일을 즐길 수는 없었다.

마사요는 남편에게 말했다.

"미안. 아무래도 언니한테 잠시 가봐야겠어. 이해해 줘."

남편은 못마땅한 표정이었다. 애들도 가지 말라고 입을 모았다. 마사요는 "금방 갔다 올게"라는 말을 남기고 아쉬운 마음으로 가족과 헤어져 친정으로 갔다.

그 무렵 다케시 역시 에리코에게 가는 중이었다. 에리코의 전화를 받았던 것이다.

집에 도착한 다케시는 주차장에 차를 세우고 대기했다. 전날 밤과 마찬가지로 후유미가 모르게 집 밖에서 기다리라는 지시가 있었던 것이다. 그동안 다케시의 휴대전화에는 끊임없이 문자가 왔다.

메시지는 집에서 후유미가 여전히 칼을 들고 난동을 부린다는 내용이었다. 혼란에 빠진 에리코는 "K밖에 없다"라는 말을 반복하고 있었다. 그리고 의사인, 다케시의 전처 오빠를 통해 "1000만 엔으로 사망진단서를 위조해 줄 수 없느냐"는 질문도 했다.

다케시는 잇달아 날아오는 메시지를 보면서 에리코가 진심으로 살인을 생각하고 있는 건 아닌지 두려워 답장을 할 수 없었다. 섣불리 물었다가 에리코의 살의를 알게 되면 자신도 얽히는 것이었다.

그때 에리코에게서 연락이 왔다.

"이제 편해져도 돼…"

에리코　마사요가 역에 도착했대. 차로 마중 좀 가줘.

다케시　알았어. 그쪽은 언제?

에리코　나도 조금 있다가 나가서 합류할게.

　다케시는 역에서 마사요를 만나 근처 초밥집 주차장으로 갔다. 에리코와 만나기로 한 곳이었다.

　주차장에서 기다리고 있자니 에리코가 왔다. 저녁으로 먹을거리를 사오겠다며 나왔다고 했다. 얼굴은 긴장 탓에 굳어 있었고 눈은 충혈된 상태였다. 어젯밤부터 후유미에게 시달린 나머지 이성이 마비된 것 같았다.

　에리코는 두 사람 앞에서 봇물이 터진 양 후유미에게 맞은 이야기를 빠르게 쏟아 냈다. 그때까지 참아 왔던 감정이 한꺼번에 터져 나오는 것 같았다. 다케시와 마사요가 진정시키려 해도 감정은 고조될 뿐이었다.

　"이제 못 참겠어. (후유미를) 죽이자! 그 방법밖에 없어!"

　다른 사람들도 있는 곳에서, 죽인다고 말하는 걸 듣고 다케시와 마사요는 당혹스러웠다. 에리코는 그런 둘의 심경은 안중에도 없이 계속해서 말했다.

　"자살로 위장하자. 그럼 될 거야. 오늘 죽이자!"

　다케시는 마사요의 안색을 살피며 말했다.

　"그건 안 돼. 직접 죽이지 말고 경찰을 부르자."

"경찰을 부르면 어떻게 되는지 몇 번을 말해! 나도 나쓰카도 죽어. 그러기 전에 우리가 먼저 죽여야 돼!"

이번에는 마사요가 말했다.

"잠깐. 경찰을 부를 수 없으면 외삼촌한테라도 얘기하자."

"그것도 마찬가지야! 그 인간은 우리가 다른 사람한테 말하면 폭발할 게 뻔해. 그러니까 죽이는 수밖에 없다고!"

그녀는 이제 한 치의 망설임도 없이 후유미를 죽이는 것만이 자신을 지킬 방법이라 생각하게 된 것이다.

에리코는 흥분 상태에서 빠르게 속마음을 털어놓은 뒤 시계를 보더니 정신을 차렸다. 벌써 오후 6시였다. 너무 늦으면 다른 사람과 만났다고 후유미가 의심할 것이다. 그녀는 "나 갈게"라고 말하며 가게에서 저녁거리를 사서 돌아갔다.

주차장에 남은 다케시와 마사요는 암담했다. 에리코가 폭주 직전의 상태임은 분명했다. 그러나 집 안의 상황을 확실히 모르는 이상 에리코의 판단에 맡겨야 할지 경찰에 신고해야 할지 판단이 서지 않았다. 다른 때 같았으면 친척과 상의해 보거나 경찰과 상담했겠지만, 에리코의 서슬에 두 사람 다 제정신이 아니었다.

그러는 동안 집에 돌아간 에리코에게서 다시 메시지가 도착했다. 여전히 후유미가 집에서 난동을 부리고 있으니 집 앞까지 와달라는 내용이었다. 둘은 차를 타고 집 앞까지 갔다.

주차장에 차를 세우자 집에서 비명이 울려 퍼지는 게 들렸다. 잠시 후 에리코가 현관을 나와 다케시와 마사요를 향해 걸어왔다. 공포에 질린 그녀는 입술을 벌벌 떨면서 말했다.

"그 인간, 내가 감추고 있던 칼을 발견했어. 그걸로 우리를 찌르려고 해. 방금 전에도 내 목을 겨눴어."

그러고는 쏘아붙이듯 말했다.

"이젠 안 돼. 나쓰카도 무서워서 벌벌 떨고 있어. 이젠 죽이는 수밖에 없어! 죽일 거야!"

에리코는 구겨진 종이를 꺼냈다. 후유미의 글씨로 "자살한다"라는 내용이 적혀 있었다. 얼마 전 자살 미수 사건을 벌였을 때 쓴 유서였다. 만약을 대비해 에리코가 챙겨 놓았던 것이다.

그녀는 말했다.

"우리가 그 인간을 죽여도 이걸 경찰에 보여 주면 자살이라고 주장할 수 있어. 그러니까 죽이자."

"그, 그건 안 돼."

"유서가 있으니까 상관없어. 그 인간이 쓴 거야."

마사요와 다케시는 당혹스럽기 짝이 없었다.

에리코는 일단 주차장을 떠났다가 다시 돌아왔다. 이번에는 목장갑과 호스를 들고 있었다.

"이걸로 죽이는 건 어때?"

호스로 목을 조르려고 생각한 모양이었다. 다케시가 대답했다.

"호스는 안이 비어 있어서 안 돼. 이걸로는 조를 수 없어."

에리코는 화를 냈다.

"그럼 어쩌란 말야!"

"어쩌면 되냐니……."

"안 된다는 말만 하지 말고 진지하게 생각해 봐! 지금까지 나랑 엄마가 고생한 건 왜 모르냐고!"

그 말에 둘은 입을 다물 수밖에 없었다. 에리코를 여기까지 몰아붙인 일말의 책임을 느꼈던 것이다.

에리코는 화가 나 소리쳤다.

"무슨 말이든 해봐. 호스가 안 되면 뭘로 해야 돼? 생각을 해봐."

에리코가 두려워진 마사요는 억지로 대답했다.

"그럼 넥타이는?"

에리코는 무슨 생각이 떠올랐는지 잠시 침묵하더니 갑자기 집으로 돌아갔다.

주차장에는 무거운 분위기가 흘렀다. 다케시는 어느새 자신의 무릎이 떨리고 있다는 사실을 깨달았다. 에리코는 후유미를 정말 죽일 생각일까? 아니, 설마 그렇게까지 하진 않겠지. 상반된 생각이 엇갈리면서 판단이 서지 않았다.

마사요도 마찬가지였다. 설마 싶었지만, 에리코가 정말로

"이제 편해져도 돼…"

후유미를 넥타이로 졸라 죽이면 어쩌지……. 마사요는 나지막한 목소리로 말했다.

"큰일이네. 어떡하지?"

다케시가 대답했다.

"몰라."

"집에 나쓰카도 있잖아."

"그러니까 모르겠다고. 무서워……. 여기서 도망치고 싶어."

앞으로 벌어질 일을 직시할 자신이 없었다.

집에서 여성의 날카로운 비명 소리가 들린 건 그 직후였다. 다케시와 마사요가 서로 얼굴을 마주 본 순간 현관문이 열리면서 열한 살 나쓰카가 혼자서 뛰어나왔다. 당황한 두 사람은 황급히 달려 나가 나쓰카를 꽉 껴안았다.

나쓰카가 외쳤다.

"엄마가! 엄마가!"

나쓰카는 더는 말을 잇지 못했다. 마사요가 집에 돌아가자고 했지만 "가기 싫다"면서 주저앉았다.

다케시가 말했다.

"나쓰카는 여기 놔두고 우리끼리 가자."

둘은 나쓰카를 차 안에 앉히고 집으로 달려갔다. 현관에 들어선 둘은 눈앞의 광경에 할 말을 잃었다. 피투성이가 된 후유미가 쓰러져 있고, 에리코가 그 위에 올라타 있었던 것이다.

자세히 보니 후유미의 목에는 칼이 깊숙이 박혀 있었다.

"무, 무슨 일이야?"

"이 인간 잘못이야!"

"그러니까 무슨 일이야?"

"밥 먹다가 갑자기 이 인간이 자살한다고 그랬어. 그래서 치고받고 싸우다⋯⋯."

집에 도착한 에리코는 나쓰카와 함께 거실에서 도시락을 먹기 시작했다고 한다. 그 자리에 후유미가 나타나더니 칼을 들고 두 사람의 목을 겨누며 이렇게 말했다. "이게 너희 최후의 만찬이야. 빨리 꺼져."

'이대로는 죽는다'라고 생각한 에리코는 후유미 몰래 나쓰카에게 속삭였다.

"나쓰카, 도망쳐."

나쓰카가 휴대전화를 들고 거실을 나가려 하자, 눈치를 챈 후유미가 "왜 핸드폰을 들고 가?" 하며 칼을 들고 달려들었다.

에리코는 두 사람을 쫓아가 현관 앞에서 후유미를 붙잡았다. 나쓰카는 밖으로 도망쳤지만, 두 사람은 그대로 몸싸움을 벌이기 시작했다. 자포자기한 후유미가 "이제 자살할래"라고 외치며 칼을 목에 가져갔다. 에리코가 "그만 좀 해"라고 하며 칼 손잡이를 잡고 실랑이를 벌이다가 칼끝이 후유미의 목 깊숙이 박혔다. 쓰러진 후유미의 목에서는 피가 솟구쳤다. 다케

"이제 편해져도 돼⋯"

시와 마사요가 집에 뛰어들어 온 것은 그 직후였던 것 같다.

다케시와 마사요가 집에 들어왔을 때는 후유미의 목에서 흐른 피가 현관 바닥에 흥건했다. 후유미는 희미하지만 아직 숨을 쉬고 있었다. 마사요가 말했다.

"아직 살아 있어."

그 말에 제정신으로 돌아온 에리코는 "수건 가져와!"라고 외쳤다. 마사요가 옆방에 있던 수건을 건네자 에리코는 목에 대고 지혈을 시작했다. 몇 초가 지나자 에리코는 가망이 없다고 생각했는지 수건을 던지고 바닥에 있던 가죽 벨트를 잡아들고 후유미의 목에 감았다.

"죽고 싶다 그랬지! 이제 됐지! 편해지고 싶댔지!"

그 말을 듣고서야 마사요는 에리코가 후유미를 죽이려 한다는 사실을 알았다.

에리코는 목을 조르려 했지만, 당황해서 잘되지 않았다. 지켜보던 마사요는 에리코 혼자서 하게 둘 수 없다고 생각했다. 그래서 반대편 벨트 끝을 잡았다.

이때의 심경을 마사요는 이렇게 말했다.

저도 무슨 생각이었는지 모르겠어요. 벨트를 당기는 동안 '이제 편해져도 돼'라고 생각했어요. 후유미 언니 스스로도 괴로워했다는 걸 알고 있었으니까 죽으면 편해질 수 있을

거라고 생각했어요. 1, 2분쯤 그러고 있었어요. 눈을 떠보
니 언니가 늘어져 있어서 벨트를 손에서 낳어요.

마사요는 넋이 나가 주저앉았다. 다케시가 다가가서 후유
미의 손목을 잡았다.

"맥박이, 없네."

호흡도 멈춘 상태였다.

다케시는 에리코와 마사요를 일으켜 세워 옆방으로 데려
갔다. 어떻게 할지 상의하기 위해서였다.

에리코는 시선을 허공에 두고 중얼거렸다.

"나쓰카를 지킬 거야. 이건 보여 주고 싶지 않아……."

친딸처럼 키운 나쓰카에 대한 배려였다.

다케시는 후유미의 시신을 그대로 둔 채 에리코와 마사요
를 차에 태워 마사요의 집으로 향했다. 나쓰카에게는 아무 설
명도 하지 않았고, 나쓰카 또한 아무것도 묻지 않았다. 차 안에
는 어두운 침묵이 흘렀다.

지바의 집에 도착하자 남편 히사시가 나왔다. 마사요가
말했다.

"언니가 자살했어……."

"자살?"

"다시 친정에 가봐야 하니까 나쓰카 좀 봐줘."

"이제 편해져도 돼…"

갑작스러운 사태에 당황한 히사시가 물었다.

"그래서 어쩌려고?"

"가서 경찰에 신고할 거야. 늦을 거야."

그 이상 자세한 말은 하지 않고, 마사요, 에리코, 다케시 세 사람은 자정 무렵 다시 친정으로 향했다.

현관에 들어서자 싸늘해진 후유미의 시신이 누워 있었다. 역시 꿈이 아니었다. 마사요는 담요를 가져와 시신을 덮었다.

다케시는 에리코와 마사요에게 말했다.

"이건 자살이야. 알겠지?"

나쓰카를 지키기 위해서라도 감옥에 갈 수 없다. 그러기 위해서는 에리코가 처음에 말했던 것처럼 자살로 위장하는 수밖에 없다. 그렇게 입을 맞춘 뒤 다케시는 휴대전화로 경찰에 신고했다.

"여보세요. 경찰이죠? 지인 집 현관에 45세 여성이 죽어 있어요. 자살인 것 같아요."

세 사람은 몇 분 동안 가만히 경찰을 기다렸다. 이때 이들이 무슨 대화를 했는지는 알 수 없다. 다만 일찍이 후유미가 "자살한다"라고 쓴 메모가 자신들의 운명을 쥐고 있다고 생각한 것만은 분명하다.

그러나 처음에 이야기했듯이, 경찰 수사를 통해 세 사람의 거짓 증언은 쉽게 무너져 내렸다. 경찰의 부검으로 사인이 벨트에 의한 질식사로 판명되었고, 셋은 살해 사실을 인정했다. 직접 목을 조른 에리코와 마사요는 살인죄로 기소되었다.

재판에서 에리코는 징역 5년(검찰 구형은 징역 6년), 마사요는 징역 3년(검찰 구형은 징역 4년)을 받았다.

체포 후 나쓰카는 외삼촌이 맡았다. 재판에는 출석하지 않았지만, 나쓰카는 변호사를 통해 에리코 앞으로 편지를 썼다. 편지에는 다음과 같이 적혀 있었다.

에리코 이모가 하루빨리 돌아오면 좋겠어요. 그러면 또 같이 살고 싶어요.

재판에서 그 편지를 대독하자 에리코는 고개를 숙인 채 울음을 터뜨렸다.

"이제 편해져도 돼…"

5

노노 간병

**"제 마음이
제가 느끼기에도 이상했어요"**

2015년 1월, 지바현에서 발생한 노노 간병老老介護 살인 사건.

가해자는 간호사 출신의 77세 아내, 피해자는 72세 남편이었다. 부검 결과 남편의 몸에는 심장과 폐를 관통한 상처를 비롯해 자상이 서른 개가 넘었고, 흉기로 쓰인 칼은 구부러져 있었다.

가해자가 체포된 지 1년 만에 열린 재판에서 노부부의 장남이 증인으로 섰다. 사건 현장은 단독주택 1층이었는데, 장남 가족은 당일까지 2층에 같이 살고 있었다.

증언대에서 장남은 울먹이는 목소리로 말했다.

제가 어머니를 더 살폈더라면 이런 일은 없었을 겁니다. 같은 집에 살면서 어머니의 우울증이 이렇게 심한 줄 몰랐습니다. 제가 반성할 부분이 너무 많습니다.

세계적으로도 유례를 찾을 수 없을 정도로 저출생·고령화가 진행 중인 일본에서 노노 간병은 심각한 사회적 문제다. 노노 간병이란 간병을 하는 사람과 받는 사람이 모두 65세 이상인 재택 간병을 가리키는 말이다. 2019년 후생노동성 조사자료에 따르면 재택 간병 중 59.7퍼센트가 노노 간병이다. '초노노 간병'이라 불리는 75세 이상의 경우도 33.1퍼센트로 비중이 매우 높다. 그중에는 치매[인지 장애] 환자가 서로를 돌봐야 하는 '인인 간병'認認介護도 늘고 있다.

노노 간병의 부담을 줄이기 위해 현장에서는 지역포괄지원센터가 주축이 되어 고령자는 시설에 입소하도록 하고, 전문 간병인이나 돌보미를 이용하도록 하며, 배우자 외 가족(자식, 손주, 친척)을 지원하는 등 다양한 지원책을 실시하고 있다. 배우자 한 사람에게만 부담이 집중되지 않도록 정부와 지자체의 지원을 우선 과제로 삼고 있는 것이다.

그럼에도 불구하고 노노 간병에서 오는 스트레스는 학대, 동반 자살, 때로는 살인 같은 사건을 낳고 있다. 복지의 이상과 실제 간병 현장 사이의 괴리가 작지 않기 때문일 것이다.

이 장에서는 의료에 정통한 간호사 출신 노인이 일으킨 사건을 통해 당사자가 안고 있는 문제에 대해 생각해 보고자 한다.

지바현의 어느 골프장과 가까운 주택가 한구석에 위치한 나이조 부부의 집. 이층집으로 작은 마당이 있고 주차장에는 경차가 주차돼 있었다. 역에서 2킬로미터 떨어진 곳이어서 주변은 조용했고 인적도 드물었다.

이 집은 가해자 나이조 히데미가 1992년, 남편 쓰토무와 함께 구입한 곳으로 1층에는 히데미와 쓰토무가, 2층에는 장남 가족이 살고 있었다. 원래는 부부만을 위해 지은 집이었는데 두 세대가 같이 살기 시작한 후부터는 현관 등 많은 공간을 서로 공유했다.

부부에 대한 이웃 주민들의 평판은 무척 좋았다. 특히 히데미는 "똑순이"라는 말을 들었고, 봉사 활동을 했기 때문에 이웃들과도 사이가 좋았다. 또한 취미로 고토[거문고를 닮은 일본의 전통 악기]를 연주하는 것으로도 유명했다.

히데미가 태어난 것은 전쟁 전인 1937년이었다. 태평양전쟁 중에는 나가노현에 피난하기도 했다. 전후의 가난 속에서 중학교를 졸업한 뒤 병원에서 기숙하며 일과 공부를 병행한 끝에 준간호사 자격을 취득했고 그 후 계속 간호사 일을 했다.

23세에 도쿄에 있는 병원으로 직장을 옮겼으며, 얼마 후 결혼해서 아들 나루미를 낳았다. 그러나 여러 가지 갈등 때문에 3년 만에 이혼하고 홀로 나루미를 길렀다.

같은 병원에서 사무직으로 일하던 이가 쓰토무였다. 간호사와 사무직이라 자주 마주치지는 않았지만 친하게 지내다가 사랑에 빠졌고, 히데미가 32세, 쓰토무가 27세 되던 해에 재혼한다.

누가 봐도 두 사람은 잘 어울렸다. 히데미는 밝은 성격에 일이면 일, 취미면 취미, 뭐든지 열정적이었다. 반면에 쓰토무는 주어진 일을 담담히 하는 성실한 성격이었고, 행동이 앞서는 히데미를 제어하는 역할을 하곤 했다.

아들 나루미는 재판에서 이렇게 말했다.

아들인 제가 봐도 두 분은 사이가 좋았어요. 직장이 같아서 일 때문에 의견이 엇갈릴 때도 있었지만 뒤끝 없이 그 자리에서만 이야기하고 마는 것 같았습니다. 직장까지 함께 다녀서 그런지 쭉 같이 있었던 느낌이에요.

두 사람을 잘 아는 의료인도 이렇게 말했다.

히데미 씨는 사교성도 있고 뭐든 독립적으로 결정하고 행동하는 성격이었습니다. 쓰토무 씨는 신중한 성격이었죠. 히데미 씨가 연상이고 이혼한 남편 사이에 아들도 있어서 쓰토무 씨를 잘 챙겼어요.

근무하던 병원에서도 둘의 평판은 좋았다. 히데미는 수간호사로, 쓰토무는 사무국장으로 승진했고, 이때 구입한 집이 지바의 전원주택이었다.

"제 마음이 제가 느끼기에도 이상했어요"

히데미가 병원을 퇴직한 것은 62세 때였다. 몇 년 뒤, 쓰토무도 정년퇴직하자 2004년에 도쿄로 이사했다. 지바의 집은 장남 가족에게 물려주고 자신들은 도쿄에서 노후를 보낼 생각이었다.

그런데 5년이 지난 2009년, 시련이 찾아온다. 쓰토무가 뇌출혈로 쓰러진 것이다. 목숨은 건졌지만, 왼쪽 반신에 마비가 남았고, 혼자서는 걸을 수조차 없었다.

병원에서는 이렇게 말했다.

쓰토무 씨의 상태는 간병 필요 3등급입니다. 앞으로는 간병을 받으면서 재활 치료를 하도록 합시다. 아무것도 하지 않으면 더 악화됩니다.

간병 필요 3등급은 간병 필요 2등급(부분적 간병)에 비해 '일상생활 동작이 현저히 저하되어 거의 전면적 간병이 필요한 상태'를 일컫는다.

퇴원 후 도쿄의 집에 돌아온 쓰토무의 몸 상태는 히데미가 상상했던 것보다 나빴고, 거의 대부분의 일을 혼자서는 할수 없었다. 이동할 때는 휠체어를 밀어 줘야 했고, 목욕할 때도 도움이 필요했다.

히데미는 그런 남편이 조금이라도 나아지길 바라며 헌신

적으로 돌봤다. 재활 치료를 위해 병원에 갈 때도 늘 함께했고, 마비된 손발을 마사지하는 법부터 식생활 개선까지 처음부터 다시 공부해 나갔다.

히데미는 이렇게 말한다.

병이 나고 처음에는 힘들었습니다. 남편은 왼쪽 반신이 마비돼 화장실에 가거나 물을 마시는 것도 쉽지 않았습니다. 저는 그가 부르면 무슨 일이 있어도 멈추고 도우러 가야 했습니다. 재활 치료도 있었지만 저도 이것저것 알아보고 치료에 도움이 되는 일을 해봤죠. 24시간 붙어 있어야 했습니다.

히데미는 취미와 봉사 활동은 물론 친구와의 식사 같은 사소한 기분 전환의 시간도 포기해야 했다.

하지만 힘든 기색 하나 없이 오히려 당연하다는 듯이 남편의 간병에 힘썼다. 간호사 출신이라 더했을지도 모른다.

3년간 히데미는 혼자서 남편을 돌봤지만, 후유증은 심했고 재활 치료도 순조롭지는 않았다. 회복까지는 몇 년이 걸릴지 모를 일이었고 시간이 흐를수록 체력과 경제력도 고갈돼 갔다. 결국 히데미는 쓰토무와 상의 끝에 지바현의 집으로 돌아가 재활 치료를 하기로 결정했다.

"제 마음이 제가 느끼기에도 이상했어요"

2012년, 히데미가 몸이 불편한 쓰토무와 함께 지바현으로 돌아오면서 장남 나루미가 2층, 히데미 부부가 1층을 쓰게 되었다.

동거를 시작할 때 히데미는 나루미에게 "한집에 같이 살더라도 남편 간병은 내가 한다"라고 말했다. 아들에게까지 간병을 부탁하기 미안했을 것이다. 그러나 도와줄 것이라는 기대는 내심 있었던 것 같다.

하지만 나루미는 어머니의 말을 문자 그대로 받아들였다. 그는 "도울 필요 없다고 했으니까" "일이 바빠서" 등의 이유로 간병에 관여하지 않았다. 히데미가 간병 때문에 고생하고 있는 것을 알면서도 모른 척한 것이다.

히데미의 몇 안 되는 상담 상대는 돌봄 매니저 도모다 아키코였다. 돌봄 매니저는 간병 서비스가 필요한 가정에 서비스 지원 계획을 짜주고 이용 가능한 복지 제도나 사업자를 소개해 주는 간병 지원 전문가를 뜻한다. 히데미는 지바현에 돌아온 뒤부터 매달 아키코를 만나 상담을 받으면서 남편을 간병했다.

증인으로 출석한 아키코는 히데미에 대해 이렇게 말했다.

지바현에 돌아왔을 때, 쓰토무 씨의 몸 상태는 그리 좋지 않았습니다. 집에서 화장실에 갈 때도 매번 히데미 씨가 휠체어에 태워서 데려가야 했어요. 그녀는 침대에서 휠체어로 태우는 건 혼자 했지만, 목욕 보조는 힘에 부치는지 제가 소개한 서비스를 주 2, 3회 이용했습니다.

병원은 주로 재활 치료 때문에 다녔습니다. 간호사 출신이었던 히데미 씨는 스스로 이것저것 알아보고 좋다 싶은 것들을 시도했습니다. 예를 들어서 심리요법을 배워서 자택에서 할 수 있는 일들을 실천했습니다. 옆에서 보기에도 무척 적극적이어서 저 같은 돌봄 매니저보다 더 솔선수범이었습니다. 자기 힘으로 쓰토무 씨를 낫게 하겠다는 의지가 있었던 것 같습니다. 쓰토무 씨도 히데미 씨를 믿고 희망을 가지고 재활 치료를 했습니다.

히데미의 헌신적 간병 덕분에 뇌출혈로 쓰러진 지 4년째부터 쓰토무의 몸은 조금씩 좋아지기 시작했다. 지팡이를 짚고 집 안에서 혼자 걸을 수 있게 되었고 간단히 장을 보러 나가는 것도 가능해졌다.

어느 날 히데미는 쓰토무의 간병 필요 등급이 한 단계 내려간 2등급이 되었다는 연락을 받았다. 병원에서는 이렇게 말했다.

축하합니다. 재활 치료를 계속하면 더 긴 거리도 걸을 수 있게 될 겁니다. 지금처럼 노력합시다.

"제 마음이 제가 느끼기에도 이상했어요"

간병 필요 3등급은 항상 간병이 필요하지만, 2등급은 부분적 간병만으로 충분한 상태다. 한 단계 내려갔을 뿐이지만, 크게 개선된 것이다.

히데미는 오랜 고생이 드디어 보답을 받는구나 생각했다. 조금 더 노력하면 건강했던 시절의 남편으로 돌아갈 수 있을 것 같았다.

주변 사람들의 말에 따르면, 이 무렵의 히데미는 표정도 밝고 희망에 차있었다. 쓰토무도 노력이 결실을 맺었다는 생각에 자신감을 갖고 히데미와 함께 재활 치료에 힘썼다. 돌봄 매니저 아키코는 그런 두 사람의 행복을 믿어 의심치 않았다.

그러나 2013년 6월, 이들에게 다시 시련이 닥친다. 쓰토무가 재활 치료를 받으러 가는 길에 크게 넘어져 대퇴골이 골절된 것이다. 이번에는 일어날 수도 없었다. 침대에만 누워 있으니 지난 4년간 재활 치료로 단련한 근육은 손실되고 다리는 안쓰러울 정도로 가늘어졌다.

이로써 2등급까지 회복되었던 간병 필요 등급은 두 단계 오른 4등급이 되었다. 간병 없이는 생활이 불가능한 수준이 된 것이다. 쓰토무는 혼자서 휠체어를 움직일 수조차 없었다.

히데미는 그동안의 노력이 물거품이 되었다는 생각에 눈앞이 캄캄해졌지만 포기할 순 없었다.

'아직 괜찮아. 정신 차리자. 재활 치료는 처음부터 다시 하

면 돼.'

여기서 버티지 않으면 쓰토무의 몸 상태가 급속도로 악화될 게 분명했다.

그런데 엎친 데 덮친 격으로 부부가 의기투합해 재활 치료에 임하려던 2014년 3월, 쓰토무가 다시 뇌출혈을 일으켜 쓰러졌다.

두 번째 뇌출혈은 쓰토무의 몸에 지난번보다 더 큰 손상을 입혔다. 몸의 마비뿐 아니라 실행기능 장애까지 일으킨 것이다. 이는 뇌 손상으로 인해 기억장애, 주의 장애, 수행 장애, 사회적 행동 장애 등을 나타낸다.

그 탓인지 쓰토무는 정서가 불안정해지고 아무것도 아닌 일로 감정적이 되면서 소리를 질렀다. 하루 스케줄을 상세히 정해 놓고 히데미에게 "몇 시에 밥을 대령해라" "몇 시에 이를 닦아라" 요구했고, 조금이라도 어긋나면 화를 냈다. 먼지가 묻거나 그릇이 더럽기만 해도 손을 쓸 수 없을 정도로 난동을 부렸다.

훗날 히데미의 정신감정을 담당했던 의사도 재판에서 이렇게 말한다.

뇌출혈 이후 쓰토무 씨는 매사에 집착이 강해진 것 같습니다. 원래는 선량하고 밝은 성격이었다고 하는데, 뇌출혈로

"제 마음이 제가 느끼기에도 이상했어요"

인한 실행기능 장애 때문에 자기주장이 강해진 것 같습니다.

쓰토무 씨가 입원해 있을 때의 진료 기록을 보면 정말 사소한 일로 밤낮없이 간호사를 불러 화풀이를 했던 것 같습니다. 퇴원 후 그런 일까지 히데미 씨가 떠안아야 했다고 생각하면 그 부담과 스트레스는 상당했을 겁니다.

그래도 히데미 씨는 혼자서 다 해내려고 했습니다. 간호사 출신이어서 의료 지식이 있다는 자부심 때문에 혼자서 마지막까지 다 하려 했던 것인지도 모릅니다. 반대로 그 때문에 주변에 상담을 하지 못하고 고립되었다고도 할 수 있죠.

특히 히데미를 괴롭힌 것은 뇌출혈로 인해 생긴 쓰토무의 배뇨 장애였다. 그는 밤낮없이 15분마다 강한 배뇨 욕구를 느꼈다. 그러나 혼자서는 이동이 불가능했기 때문에 히데미가 휠체어에 태워 화장실로 데려가야 했다. 이때 히데미가 조금이라도 꾸물거리면 쓰토무는 화가 나서 빨리 하라고 소리를 질렀다. 화장실에 데려가도 소변이 잘 나오지 않아 몇십 분이나 그 앞에서 기다려야 했고, 결국 소변을 보지 못하고 침실로 돌아오면 또다시 "화장실!"이라는 소리와 함께 호출되는 일이 다반사였다. 어떤 날은 이런 일이 밤새도록 계속됐다.

이런 상황이라면 2층에 살던 나루미가 알고 도울 법도 한

데, 아들은 여전히 나 몰라라 했다. 오히려 간병에 지쳐 일상생활에 어려움을 겪는 히데미에게 짜증을 냈다.

예를 들어, 히데미는 밤새 화장실과 침실을 오가다가 깜빡하고 복도의 불을 켜놓는 경우가 있었다. 나루미는 그런 히데미에게 되레 화를 냈다.

"그렇게 온종일 불을 켜두면 내가 전기를 아껴 봤자 소용이 없잖아! 불 좀 잘 끄라고!"

전기 요금을 반씩 부담했기 때문에 어머니에게 화를 냈던 것이다.

나루미는 앞에서 말했듯 간병은 자기 일이 아니라고 생각했다. 그러나 쓰토무는 나루미가 아홉 살 때부터 아버지로서 그를 돌봤다. 히데미는 아들의 냉랭한 태도를 용납하기 어려웠을 것이다.

어느 날 히데미는 나루미에게 이렇게 말했다.

"앞으로 아버지 간병이 더 힘들 거야. 가족이 같이 살고 있으면 정부 복지 보조를 충분히 받지 못해서 말이야.■ 앞으로는 따로 살자. 나는 이 집을 팔아서 아빠를 시설에 보낼 비용을 마련하려고 해."

■ 일본에서는 1인 가구 혹은 동거 가족들이 간병을 할 수 없는 경우에 한해 방문 간병 서비스를 지원한다.

"제 마음이 제가 느끼기에도 이상했어요"

히데미로서는 장남 가족이 간병을 도와주지 않으니 같이 살 이유가 없었다. 차라리 집을 팔아서 그 돈으로 남편을 시설에 입소시키려고 한 것이다.

나루미는 말했다.

"알았어. 어차피 사이도 안 좋으니 나갈게."

히데미는 이로써 간병 생활도 끝이 보인다고 생각했다. 이제는 장남 가족이 집을 나가 주기를 기다릴 뿐이었다.

그러나 나루미는 약속을 하고도 어머니가 기한을 정하지 않았다고 나갈 생각을 하지 않았다. 그는 분가로 인해 자신이 감당해야 할 생활비가 달갑지 않았을지도 모른다. 그렇게 히데미의 간병 생활은 기약 없이 늘어나게 되었다.

히데미가 자신의 몸이 이상하다고 느낀 것은 이 무렵이다.

평소처럼 남편을 돌보려 해도 스스로도 이상하다 싶을 정도로 자신을 제어할 수 없게 된 것이다. 걷다가 갑자기 눈물이 멈추지 않고 흐르거나 2, 3분 전의 기억이 완전히 사라지기도 했다. 몸이 마비되어 움직이지 않는 경우도 있었다. 365일 24시간 계속되는 간병 스트레스가 몸도 마음도 무너뜨린 것이다.

히데미는 이렇게 회상한다.

언제부턴가 제 마음이 제 스스로가 느끼기에도 이상하다는 생각이 들기 시작했어요. 간병하다가 조금만 잘못돼도 심하게 떨리거나 숨을 쉴 수 없게 됐어요. 온몸에서 땀이 나거나 손이 떨리기도 하고요. 어쩌다 보니 다른 사람을 만나서 대화를 하는 것도 어려워졌어요. 사람들 앞에서 웃지도, 울지도, 슬퍼하지도 못하게 됐습니다. 감정이 죽어 버린 겁니다. 이대로는 안 되겠다 싶어 정신과를 찾았더니 의사 선생님이 '우울증'이라고 했습니다.

병원에서 일한 경험이 있는 히데미는 우울증을 앓으며 24시간 간병을 하기는 어렵다는 사실을 잘 알고 있었을 것이다. 그러나 냉철한 판단을 할 수 없는 상태였고 여태 혼자서 해결했다는 자부심 때문에 타인에게 기댈 수 없었다. 그녀는 병원에서 처방받은 약을 먹으며 간병을 계속했다.

마음의 병은 더욱 악화됐다. 주치의의 기록에 따르면 2014년 가을부터 겨울까지 본인이 자각한 증상 외에 '자살 충동' '기력 감퇴' '무력감' '사고력 및 집중력 감퇴' '결정 장애' 등의 증상이 나타났다.

그중에서도 히데미를 괴롭힌 것은 자살 충동이었다. 간병에 지친 그녀의 뇌리에 몇 번이나 이런 생각이 스쳤다.

'죽고 싶다. 죽으면 다 끝나.'

언제부턴가 하루에도 몇 번씩 자살을 생각했다. 그때마다 그녀는 화들짝 놀라서 '안 돼. 기운 내야지' 하며 마음을 다잡았지만, 조금 지나면 또다시 죽고 싶다는 생각에 사로잡혔다. 시간이 지날수록 죽음을 생각하는 시간은 점점 더 늘어 갔다.

자살을 생각할 때마다 남편의 장래가 걱정이었다. 지금은 자신의 간병으로 어떻게든 생활을 이어 가고 있지만, 자신이 없으면 화장실은 물론 식사도 제대로 할 수 없을 텐데 차라리 함께 죽는 편이 낫지 않을까?

2014년 12월 초, 그녀는 쓰토무에게 이렇게 말했다.

"나 병원에서 우울증 진단을 받았어. 가끔 당신도 죽이고 나도 죽고 싶어. 나도 어쩌면 좋을지 모르겠어."

깜짝 놀란 쓰토무는 병원에 가서 자살 충동에 대해 상담을 받아 보라고 권했다.

병원에 간 히데미는 솔직하게 모든 것을 털어놓았다. 의사는 쓰토무의 일시 입원을 제안했다. 그렇게 해서라도 히데미의 부담을 덜어야 한다고 봤던 것이다. 쓰토무도 히데미의 기분 전환을 위해 이를 받아들였다.

돌봄 매니저 아키코는 히데미로부터 일시 입원 소식을 들었을 당시에 대해 법정에서 이렇게 말했다.

12월 말에 히데미 씨로부터 우울증 때문에 간병이 어려워 쓰토무 씨를 입원시킨다는 연락을 받았습니다. 목소리가 딴사람처럼 기운이 없었고, 우울증을 제게 털어놓는 것만으로도 힘에 부치는 눈치였습니다. 제가 히데미 씨의 병명을 알게 된 것은 그때가 처음이었습니다.

12월 26일, 쓰토무는 입원했다. 그 직후에 아키코는 문병을 갔다. 쓰토무는 침대에 누워 아내를 아프게 만든 것을 후회했다. 그는 눈물을 흘리며 아키코에게 말했다.

"제 간병은 어떻게 돼도 상관없어요. 아내의 부담을 덜어줄 계획을 짜주실 수 있나요? 부탁합니다."

그는 히데미의 병이 낫지 않으면 생활이 불가능했다. 아키코는 대답했다.

"알겠습니다. 퇴원하면 구체적으로 어떻게 할지 상의해보죠."

아키코가 염두에 둔 것은 낮 시간대에는 요양 시설을 이용하고 그 외에는 방문 간병인을 쓰는 것이었다. 정말로 히데미의 부담을 줄이기 위해서는 그렇게 간병 부담을 줄여야 했다. 다만 요양 시설의 주간 이용은 대기자가 많아서 우선 예약을 해두고 퇴원 후에 절차를 밟기로 했다.

해가 바뀌고 1월 8일, 히데미는 쓰토무가 입원한 병원으로 불려 갔다. 의사는 13일에 퇴원시킬 테니 자택으로 데려가

"제 마음이 제가 느끼기에도 이상했어요"

달라고 말했다. 일시 입원은 보통 2, 3주가 기한이고, 기한이 지나면 다른 환자를 위해 병상을 비워야 했다.

히데미는 아키코에게 전화로 이렇게 말했다.

"남편이 퇴원하게 됐어요. 어쩔 수 없네요……. 배뇨 장애 문제를 해결하기 위해 병원에서 기저귀 채우는 법을 배웠어요. 그걸로 잘 시간이라도 조금 늘면 좋겠네요."

무척이나 힘든 것 같았다. 걱정이 된 아키코는 물었다.

"퇴원 수속 같이 할까요?"

"그렇게 해주시면 고맙겠어요."

아키코는 퇴원 수속 때 요양 시설 이용 등에 대해 이야기 할 생각이었다.

그러나 퇴원 전날, 히데미에게 전화가 왔다.

"내일 퇴원 말인데요, 아무래도 저 혼자 갈게요."

이유가 있는 것 같았다.

"알겠습니다. 그럼 저는 안 가도 되는 거죠?"

"네."

"그럼 퇴원 후에 이야기 좀 할까요? 생각 중인 게 있어요."

아키코는 히데미가 요양 시설이나 방문 간병인을 이용하자는 제안에 동의할 것이라 낙관하고 있었다.

그러나 히데미의 우울증은 아키코가 생각한 것보다 심각했다. 병원에서 퇴원 통보를 받은 다음 날인 9일, 슈퍼에서 칼을 구입한 것이다. 물론 아키코도, 의사도 그런 사실은 몰랐다.

1월 13일, 이런 상황에서 쓰토무는 퇴원했다.

병원에서 돌아온 쓰토무는 1층 침실에서 다시 요양 생활에 들어갔다.

2층에 살던 나루미는 어머니가 칼까지 샀다는 사실은 생각도 못 하고 있었다. 히데미가 "우울증에 걸렸다" "같이 죽고 싶다"라고 말을 하긴 했지만 심각하게 생각하지 않았다.

다시 간병 생활이 시작되었을 때, 히데미는 기저귀 사용으로 부담이 줄기를 기대했다. 밤에 잠만 잘 수 있으면 어떻게든 되리라는 일말의 기대를 품고 있었다. 그러나 쓰토무는 기저귀 사용에 익숙하지 않았고, 밤마다 히데미를 깨워 화장실에 가고 싶다고 했다. 머리로는 히데미의 괴로움을 이해하면서도 실행기능 장애 때문에 감정을 제어할 수 없어서 화를 내게 되는 것이었다.

히데미는 예전과 같은 생활로 돌아갔다는 사실에 암담해졌다. 마음을 돌볼 시간도 없이 아픈 자신을 채찍질해 가며 간병을 해도 이유 없이 분노를 사야 하는 나날이 다시 시작된 것이다. 쓰토무의 욕설을 들을 때마다 죽어서 편해지고 싶다는 생각이 커져 갔다.

"제 마음이 제가 느끼기에도 이상했어요"

아키코가 제안한 요양 시설과 방문 간병인을 이용했다면 이런 상황을 타개하는 데 도움이 됐을 것이다. 그러나 히데미는 거절했다.

아키코는 그 이유를 다음과 같이 말한다.

퇴원한 다음에 전화로 히데미 씨와 대화를 나눴습니다. 저는 요양 시설을 제안했는데, 그녀는 새로운 서비스를 이용하는 데 소극적이었습니다. 지금 생각하면 우울증 때문에 새로운 도전에 대한 의욕을 상실한 것 같습니다. 그때는 그런 생각을 못 했습니다.

히데미 씨가 요양 시설 주간 이용을 거절하면, 요양원에 입원시킬 수밖에 없다고 생각했습니다. 그렇지만 요양원은 어디든 여유가 없어서 신청을 해도 시간이 걸리고, 비용도 만만치 않았죠. 본인이 적극적으로 나서지 않으면 저로서도 어쩔 수 없었습니다.

마음의 병 때문에 히데미는 무슨 일을 해야 할지도 생각할 수 없었다. 아키코의 제안을 거절한 것도 그래서였다.

퇴원한 지 나흘째인 1월 17일 늦은 밤, 히데미는 이불 속에서 천장을 바라보고 있었다. 쓰토무가 돌아온 뒤로 히데미는 잠을 제대로 잘 수 없었다. 우울증, 극도의 불면증, 약 부작용 등이 겹쳐 낮인지 밤인지, 눈을 뜨고 있는지 감고 있는지조차 알 수 없는 상태였다.

히데미의 머릿속에서는 '죽고 싶다'라는 생각이 터지기 직전까지 부풀어 올랐다. 이제 자신이 할 수 있는 일은 없었다. 이런 고통을 겪으니 자신의 손으로 끝을 내는 수밖에 없다.

'죽으면 다 끝나. 하지만 남편을 혼자 둘 순 없어. 같이 가야지.'

몽롱한 의식 속에서 그런 생각이 수십, 수백 번 스쳤다.

시곗바늘이 오전 5시를 가리켰다. 창밖은 아직 차가운 어둠 속에 갇혀 있었다. 그때 쓰토무의 목소리가 귓전을 때렸다.

"일어나!"

히데미는 남편의 말을 듣고 온몸이 얼어붙는 것 같았다. 그 목소리를 들을 때마다 철퇴로 맞는 것 같은 고통이 몸을 관통했다. 그녀는 당황해 하며 이불에서 일어났다.

"화, 화장실 가고 싶어?"

"옷 입혀 줘!"

"아직 밤이야. 어딜 가려고?"

"됐으니까 옷 입혀 줘!"

화가 난 남편의 목소리가 머릿속을 울렸다. 히데미는 정신이 이상해지는 기분이었다.

쓰토무는 지금이 몇 시인지도 모르는 것 같았다. 옷을 갈

"제 마음이 제가 느끼기에도 이상했어요"

아 입히면 또 "식사 준비해"라거나 "화장실 데려가"라고 외칠 것이다. 생지옥 같은 하루의 시작이었다.

히데미는 안 되겠다고 생각했다. 버틸 자신이 없었다. 그 와중에 쓰토무의 장래가 걱정됐다. 죽을 거면 같이 죽자.

히데미의 기억은 이때부터 끊겨 있다. 머릿속이 함께 죽을 생각으로 가득했을 것이다. 그녀가 기억하는 것은 여드레 전 구입해 감춰 두었던 칼을 꺼낸 부분이다. 쓰토무는 옷을 입혀 달라고 말하며 일어섰다. 히데미는 자신이 그를 도왔는지 그가 혼자서 일어났는지는 기억하지 못했다.

히데미가 남편의 등을 찔렀다.

"악!"

쓰토무가 비명을 지르며 바닥에 쓰러졌다.

부검에 따르면 등보다 가슴과 배에 더 많은 자상이 남아 있었다. 상처는 등에 하나, 가슴과 배에 여러 군데였다. 그중에는 심장과 폐를 관통한 상처도 있었다. 팔에도 상처가 두 곳 있었는데 쓰토무가 팔로 막으려다 난 것으로 보인다. 히데미의 연령과 체력을 고려하면 1분 이상 칼을 휘두른 것으로 추정된다.

이때 2층에서 자고 있던 나루미는 쓰토무의 비명 소리를 듣고 잠에서 깼다. 쓰토무는 뇌출혈로 쓰러진 뒤부터 가끔 심야에 비명을 질렀기 때문에 이때도 그러려니 생각했다. 그러나 어딘가 불길한 예감이 들었고 다시 잠을 이룰 수 없었다.

그는 밑에 내려가 담배나 피울 생각으로 담뱃갑을 손에 들고 계단을 내려갔다. 그러자 갑자기 침실에서 히데미가 튀어나왔다. 어머니의 모습을 본 나루미는 얼어붙었다. 잠옷이 피투성이였던 것이다.

"무슨 일이야?"

"아버지를 찔렀어……."

"찔렀다고?"

히데미는 그 말을 끝으로 입을 닫은 채 온몸을 떨 뿐이었다. 나루미는 멈칫거리면서 침실을 들여다보았다. 쓰러져 있는 쓰토무가 보였다. 바닥에는 피가 묻은 흉기가 놓여 있었다. 출혈로 보건대 사망이 확실했다.

"어쩌다 이렇게 됐어?"

창백한 얼굴의 히데미는 허공을 응시하며 뭔가를 중얼거렸지만 제대로 된 대화는 불가능했다.

나루미는 히데미에게 자세한 이야기를 듣는 대신 2층에 있던 아내를 깨워 사정을 전했다. 아내는 남편이 시키는 대로 경찰에 신고했다.

지바현 경찰 기록에는 나루미의 아내가 이렇게 말하는 목소리가 남아 있다.

시어머니가 시아버지를 찔렀어요. 흉기는 시아버지 옆에

"제 마음이 제가 느끼기에도 이상했어요"

있어요. 시어머니도 집에 있어요.

출동한 경찰은 히데미를 현행범으로 체포했다. 쓰토무는 대학 병원으로 옮겨졌지만, 오전 7시 16분에 사망이 확인되었다.

이 사건은 간호사 출신 아내가 장남 부부와 같이 살고 있었음에도 발생한 노노 간병 살인 사건으로 보도되었다. 수사 중에 밝혀진 것은 고립된 히데미가 벼랑 끝으로 내몰렸다는 사실이다. 간호사 출신이라는 경력이 오히려 외부에 도움을 청하지 못하게 했는지도 모른다. 그러나 그녀가 필사적으로 남편의 회복을 바라며 모든 일을 헌신적으로 해낸 것만큼은 사실이다.

그렇게 해서 남편의 상태가 개선되었다면 희망이 있었겠지만 두 번째 뇌출혈 이후 남편의 병세는 악화되기만 했다. 결국 히데미는 비탈길에서 굴러떨어지듯이 몸도 마음도 점점 부서져 갔다.

돌봄 매니저 아키코는 마지막으로 증언하면서 이렇게 말했다.

이상하게 들리겠지만, 사건이 일어난 건 히데미 씨가 간병을 포기할 사람이 아니었기 때문입니다. 못 한다고 생각했다면 행정기관에 도움의 손길을 요청했을 겁니다. 그렇지만 그녀는 한계라고 느끼고도 저나 병원에 아무 말도 하지 않았습니다. 그래서 간병을 포기하기라도 했으면 나았을 거라고 생각합니다. 그녀의 책임감이 사건을 일으킨 게 아닐까요?

남편에 대한 깊은 애정, 책임감, 아들과 손주에게까지 부담을 지우지 않으려는 생각, 그런 것들 때문에 일어난 사건이라면 너무 슬픈 결말이 아닐까?

이 사건은 노노 간병이 부른 비극들 가운데 하나일 뿐이다. 살인까지 이르진 않더라도 심신이 병들어 함께 쓰러진 사람이나 자살을 선택한 사람도 수없이 많기 때문이다. 아키코는 그런 현장을 많이 봐왔기 때문에 자신도 모르게 "포기하는 게 나았다"라고 말했던 것이다.

판사는 판결을 내리면서 이렇게 말했다.

고령의 나이로 밤낮 없이 간병을 하다가 심신이 피로해져 우울증에 걸린 나머지 동반 자살을 하려다 벌인 우발적 범행으로 동정할 만한 부분이 있다. …… 간병을 위해 노력한 점은 인정되지만, 남편과 함께 살길을 찾고 주변의 도움

"제 마음이 제가 느끼기에도 이상했어요"

을 요청했어야 했다. 앞으로도 저지른 죄의 무게를 되새겨
보며 살길 바란다.

그녀에게는 징역 3년, 집행유예 5년의 판결이 내려졌다.

6

아동학대

"좋겠네. 아빠가 다정해서"

아이는 남편의 애정을 독차지하고 있었어요. 아이 따위 없는 게 낫다는 생각에 창문에서 떨어뜨렸어요.

2014년 연말, 살을 에듯 추운 겨울밤, 도쿄의 한 아파트 13층 창문에서 어머니가 다섯 살 아들을 떨어뜨렸다.

아들은 온몸에 타박상을 입고 뼈가 부서졌으며 내장은 파열되었다. 피투성이가 된 빈사 상태의 아들을 발견한 것은 수십 분 뒤에 귀가한 아버지였다. 아버지는 즉시 경찰에 신고했고 어머니는 현행범으로 체포됐다.

서두에 인용한 말은 나중에 경찰서에서 취조를 받던 어머니가 한 말이다. 남편에 대한 애정을 독차지한 다섯 살 아들을 용서할 수 없어서 죽였다고 단언한 것이다.

그녀는 이렇게도 말했다.

더 자라서 체중이 무거워지면 감당이 안 되겠지만 지금이라면 혼자 힘으로 어떻게 할 수 있다고 생각했습니다.

아들에 대한 어머니의 이해할 수 없는 증오, 그 배경에는 무엇이 있었을까?

스미다강 근처의 대로변에 위치한 아파트는 주변에서 보기에도 눈에 띄는 높이였다. 사건 당시 이 아파트의 꼭대기 층에 살던 가족은 57세 오사노 하루히코, 34세 아내 렌, 그리고 피해자인 아들 미즈키였다.

부동산 사이트를 보면 2010년 세워진 이 아파트는 월세가 20만 엔 정도였다. 근방에서는 비교적 고가에 속하는 이런 아파트에 살 수 있었던 이유는 하루히코가 회사를 경영하고 있었기 때문이다.

1950년대에 세워진 이 회사는 부품 제조가 주된 사업이었다. 하루히코는 창업자인 아버지의 회사를 물려받기로 하고 대학을 졸업하자마자 그 회사로 들어갔다. 스물여섯 살 때 첫 결혼을 했고 4년 뒤에 딸이 태어났다. 마흔에 다른 회사로 이직했는데, 이 무렵 가정불화로 이혼했다. 딸의 친권은 아내가 갖고 하루히코는 양육비를 지불했다. 하루히코는 사랑하는 딸을 한부모 가정에서 자라게 만든 데 대해 큰 죄책감을 느꼈다고 한다.

이혼 후 하루히코는 아버지의 회사로 돌아갔다. 아버지가 사장 자리에서 물러나면서 회사를 물려받은 것이다.

2007년 2월, 아버지가 세상을 뜨면서 하루히코는 회사를 책임져야 했다. 렌과 만난 것은 이때였다. 당시 하루히코는 50세, 렌은 27세였다. 만남은 인터넷 사이트를 통해 이루어졌다.

하루히코는 스물세 살 연하의 렌이 풋풋하고 귀여워 어쩔 줄 몰랐다. 교제를 시작한 뒤 당시 살던 아파트에서 함께 살게 되었다. 생활이 어려웠던 렌은 큰 고민 없이 그의 집으로 들어갔다.

이 무렵 렌은 기이한 언행을 보이기 시작했다. 그중 하나가 도벽이었다. 슈퍼에 장을 보러 갈 때마다 진열된 상품을 몰래 가방에 넣어 가져왔다. 생활비는 하루히코로부터 받고 있었고, 훔친 물건 중에는 본인이 쓰지 않는 것도 있었다. 돈이 궁해서가 아니라 충동적으로 훔치는 것 같았다.

거짓말도 했다. 일상적인 대화를 하다가 몇 분 전과 전혀 다른 이야기를 하거나 상식적으로 불가능한 이야기를 아무렇지 않게 했다.

두 사람에게 중요한 이야기를 할 때도 그랬다. 예를 들어 렌은 그때까지 두 차례 이혼을 겪었고, 두 번째 남편과는 아이도 있었다. 이혼 사유는 하루히코가 물어볼 때마다 달라졌고, 별도의 수입이 없음에도 "전남편이 일을 안 해서 내가 벌어서 (양육비를) 대고 있다"라고 둘러댔다.

하루히코는 그런 렌의 성격을 간파하고 있었지만, 사랑에 빠져 있던 탓에 그다지 심각하게 받아들이지 않았다. 그저 좀 특이한 성격이라고만 생각했다.

동거를 시작한 뒤 얼마 지나지 않아 렌이 임신한 것 같다고 고백했다. 그런데 달가워하는 것 같지 않았다. 이유를 묻자 그녀는 이렇게 대답했다.

"난 아이가 싫어. 육아도 싫고."

"그래도 생겼으니 낳자."

쉰이 넘었지만 이혼하며 딸과 헤어진 하루히코는 아이를 갖고 싶었다.

"육아는 내가 도울게. 낳아서 키우자."

그는 내키지 않아 하는 그녀가 아이를 낳도록 설득했다. 그렇게 2009년 5월, 미즈키가 태어났다.

두 사람은 그다음 달에 혼인신고를 하고 신혼 생활을 시작했다. 1년 뒤 회사 근처의 13층짜리 신축 아파트 맨 위층으로 이사한 것은 행복한 가정을 꾸리기 위해서였다. 경영자였던 하루히코는 렌이 전업주부가 돼 주기를 기대했지만, 그렇게 되지 않았다. 렌이 가사와 육아를 전부 거부한 것이다.

재판에서 하루히코는 렌을 이혼한 뒤의 성까지 붙여서 "기무라 렌"이라고 불렀다.▪

▪ 일본은 부부 동성제를 채택하고 있는데, 90퍼센트

"좋겠네, 아빠가 다정해서"

기무라 렌은 출산 전부터 아이가 싫다고 했습니다. 그래도 아이가 생기면 귀여워할 줄 알았는데, 안 그랬어요. 간신히 우유나 먹일 뿐이고, 밖에 데리고 나가지도 목욕을 시키지도 재우지도 않았습니다. 집안일도 마찬가지였어요. 요리도 안 하고 매일 외식이었죠. 육아를 포함한 집안일이 전부 싫은 것 같았습니다.

하루히코에게는 렌이 집안일을 모두 방치하고 있는 것처럼 보였다. 그러나 렌은 미즈키와 함께 있는 것만으로도 스트레스였던 것 같다. 그녀는 스트레스 때문에 도벽이 더 심해져 심지어 어린 미즈키를 안고도 물건을 훔쳤다.

어느 날 렌은 슈퍼에서 물건을 몰래 가지고 나오다 들키고 말았다. 회사에 있던 하루히코는 연락을 받고 사과를 하러 슈퍼로 갔다. 이유를 묻자 렌은 이렇게 대답했다.

"육아가 싫었어. 난 아이가 싫어. 시끄럽게 울고 더러워. 미즈키랑 같이 있기 싫어. 나는 돌보기 싫으니까 어린이집에 맡겨!"

하루히코는 이대로는 미즈키의 교육에 좋지 않으리라 생

이상이 남편의 성을 따르고 있다. 렌은 결혼 중에는 남편의 성을 따라 '오사노'였지만, 이혼 후에는 결혼 전 성인 '기무라'로 돌아간 것으로 추정된다.

각하고, 두 살부터 근처 어린이집에 맡기고 자신이 육아를 담당하기로 마음먹었다. 아침부터 저녁까지 어린이집에 맡기면 적어도 그동안은 렌과 단둘이 있지 않아도 된다. 그러면 렌의 스트레스도 줄고 도벽도 나으리라 생각했다.

스스로 육아를 하겠다고 결심한 뒤부터 하루히코는 열성을 다했다. 회사를 운영하면서 퇴근 후에는 하루히코를 어린이집에서 데려왔고, 식사는 집에 가는 도중에 사먹거나 재료를 사와서 요리해 먹기도 했다. 밥을 먹고 나면 청소를 하고 미즈키를 씻겼으며, 재우는 것도 그의 몫이어서 잘 때도 침대에 같이 누워 게임을 하거나 그림책을 읽어 주었다.

주말이나 공휴일에는 미즈키와 드라이브를 가거나 유원지에 갔다. 새로운 일을 많이 경험하게 하고 싶었다. 렌은 기분이 내켜야 따라오는 정도였고, 미즈키가 옆에 있어도 말을 걸지 않았다. 이때의 모습을 하루히코의 지인은 이렇게 말한다.

렌 씨는 아이에게 관심이 없는 것 같았어요. 그녀가 미즈키와 노는 모습은 본 적이 없고, 대화도 나누지 않았습니다. 말을 할 때는 "그거, 하지 마" 이렇게 한마디만 할 뿐이었어요. 아이가 이해하도록 시선을 맞추고 타이르는 일도 없었습니다. 미즈키도 렌 씨는 원래 그러려니 생각해서인지 응석도 안 부렸어요. 하루히코 씨만 자기를 상대해 준다고 생

"좋겠네, 아빠가 다정해서"

각했나 봐요.

회사 직원들도 하루히코의 사정을 알고 있었기에 기꺼이 도왔다. 하루히코가 바쁠 때는 직원들이 교대로 미즈키를 돌봤다. 가족이 경영하는 작은 회사여서 가능한 일이었다.

하루히코와 직원들의 애정으로 미즈키는 순조롭게 자랐다. 세 살 때는 사이좋은 또래 친구도 생겼고, 회사 직원 몇몇을 특히 잘 따랐다. 미즈키의 세계는 전보다 훨씬 확장되었다.

한편 렌은 여전히 아이를 싫어해서 완강하게 거리를 두었다. 집에서도 미즈키와 얼굴을 마주하려 하지 않았고, 어지간한 일이 아니면 말도 걸지 않았다. 저녁을 먹고 거실에서 하루히코와 미즈키가 놀고 있으면 불쾌한 표정으로 등을 돌려 방에 틀어박혀 있다가 애가 잠들었음을 확인하고 나오곤 했다.

하루히코는 할 말이 많았지만 대화를 시도해 봐도 평행선이었기에 포기하고 있었다. 억지로 강요해서 도벽을 악화시키느니 미즈키에게 엄마가 없는 셈 치면 된다고 생각했다.

그런데 2011년 10월, 렌에게 변화가 찾아왔다. 경찰에서 이런 전화가 온 것이다.

어머님으로 보이는 분이 돌아가셨습니다. 가족 분이 신원을 확인해야 하는데 와주시겠습니까?

렌은 어머니와 연을 끊은 지 오래였고, 어디서 무슨 일을 하며 사는지 몰랐다. 경찰서에 가서 형사와 함께 영안실에 들어가 보니 어머니의 시신이 누워 있었다.

형사는 말했다.

"사인은 자살 같습니다."

목에는 흔적이 뚜렷하게 남아 있었다.

렌은 하루히코에게 어머니와는 소원했다면서 그다지 슬퍼하는 것 같지 않았다. 그러나 이 사건을 계기로 그녀의 언행은 더욱 이상해졌다.

먼저 전혀 식사를 하지 않았다. 영양실조로 불과 한 달 만에 몸무게가 23킬로그램이나 줄었고, 월경도 멈췄으며 온종일 멍하니 있었다.

그러다 해리성 장애 증상도 나타났다. 집에서 볼일을 보거나 거리를 걷다가 갑자기 얼어붙은 것처럼 움직이지 않게 되는 것이다. 그녀는 주변 사람들이 말을 걸거나 흔들어도 시선을 고정한 채 움직이지 않다가 수십 초가 지난 뒤에야 갑자기 의식이 돌아와서 아무 일도 없었다는 듯 몸을 움직였다.

문제는 횡단보도를 건너거나 에스컬레이터를 탈 때도 그

"좋겠네. 아빠가 다정해서"

런다는 것이었다. 큰 사고가 나지 않도록 하루히코는 어딜 가도 그녀를 지켜봐야 했다. 미즈키도 엄마의 심신에 일어난 변화를 알고 있었다. 길에서 렌이 굳어지면 큰소리로 "엄마! 일어나!" 하며 몸을 흔들었다.

기억장애도 심했다. 대화를 나누다가 몇 초 전에 한 말을 잊고 같은 말을 반복했으며 쓰레기통이나 옷장 위치를 잊고 집 안을 몇 번이나 왔다 갔다 하는 일도 있었다.

그리고 스트레스 때문에 다시 도벽이 악화됐다. 그때까지 도벽이 발동하는 일은 매달 한 번 정도였는데, 어머니의 죽음 이후에는 제어가 되지 않았다.

혼자 밖에 내보내면 가는 곳마다 뭔가를 훔쳤습니다. 온종일 혼자 두었다가 집에 돌아가면 상 위나 가방 안에 훔친 게 분명한 물건들이 몇 개씩 있었어요. 저는 그때마다 추궁해서 물건을 돌려주러 갔지만, 다음 날에도 같은 일이 반복됐습니다. 그런 일이 수도 없었죠.

경찰에 남은 체포 기록은 다섯 번. 약식기소도 있었다. 이때는 근처 슈퍼에서 고양이 사료를 비롯한 11개 품목을 훔친 죄로 30만 엔의 벌금형이 선고되었다.

사건이 있고 난 뒤의 정신감정에서 렌은 어머니의 죽음으로 중증 우울증에 걸려 스트레스 때문에 절도를 거듭했다는 진단이 내려졌다. 그러나 하루히코는 그렇게 생각하지 않았다.

임신 전부터 도벽이 있었습니다. 육아 스트레스나 우울증이 원인인 것 같지는 않았습니다. 저는 버릇이나 병인 것 같았어요. 그래서 전문가에게 치료를 받게 해야 한다고 생각했고 본인에게도 그렇게 말했습니다. 처음에는 병원에 가지 않으려 했지만, 몇 번이나 설득해 간신히 받아들이게 됐죠.

약식기소된 후 하루히코가 치료를 받지 않으면 이혼하겠다고 하자 렌도 병원에 다니기 시작했다. 그러나 병원에서는 도벽에 대한 치료보다 해리성 장애와 기억장애, 큰소리에 대한 공황장애 치료가 먼저 이루어져야 한다고 보았다. 도벽을 낮게 하려면 생활부터 안정이 돼야 했기 때문에 정신 질환 치료에 주력한 것이다.

병원에 다닌다고 곧바로 도벽이 낮지는 않으리라 여긴 하루히코는 나름의 대책을 마련했다. 낮에 그녀를 집에 혼자 두는 대신 회사에 데려가 지켜본 것이다.

아무리 말해도 절도를 그만두지 않아서 제가 지켜보는 수

"좋겠네, 아빠가 다정해서"

밖에 없다고 생각했습니다. 그래서 매일 회사에 나오도록 했습니다.

그 무렵 미즈키가 "어린이집은 아기들이나 있는 데"라면서 가기 싫어하길래 유치원에 입학시키고 매일 아침 등원 버스에 태우고 난 뒤 기무라 렌을 데리고 회사에 갔습니다. 그녀는 빈자리에서 인터넷을 하면서 지냈습니다. 직원들에게도 사정을 이야기하고 은근히 지켜보도록 했습니다.

그래도 종종 절도를 했습니다. 예를 들어, 어느 날은 볼일이 있다면서 회사를 나가더니 잠시 후에 큰 짐을 들고 나타났어요. 물어보니 근처 가게에서 가져왔다고 그러더군요. 그래서 쇼핑도 못 가게 했어요.

회사 직원 모두가 감시해도 렌은 몰래 절도를 저질렀다.

하루히코가 특히 신경을 쓴 것은 집으로 가는 길에 식당이나 슈퍼에 들를 때였다. 식당에서 식사를 할 때도 그릇이나 계산대 옆의 물건을 가방에 넣었기 때문에 하루히코뿐 아니라 미즈키까지 렌을 주의 깊게 지켜보게 되었다. 미즈키는 유치원생이었음에도 렌이 조금이라도 의심스러운 행동을 하면 큰 소리로 "엄마! 안 돼!" 하고 말할 줄 알았다.

하루히코는 미즈키에게 이렇게 설명했다.

"엄마는 병에 걸렸어. 그래서 물건을 훔치는 거야. 병원에도 다니고 있으니까 나아질 거야."

미즈키는 렌을 불쌍한 환자로 보았던 모양인지 이렇게 말했다.

"내가 엄마를 지킬게!"

미즈키에게 렌은 하나뿐인 엄마였던 것이다.

그 후로 렌의 병세는 들쑥날쑥하다가 술을 마시게 된 2014년 가을부터 급격히 나빠졌다. 그때까지 렌은 술을 거의 못 마셨는데, 생활이 잘되지 않자 스트레스를 풀기 위해 술에 손을 댄 것이었다. 절제가 되지 않아 밤낮없이 눈앞에 술이 있으면 다 마셔 버리거나 쓰러질 때까지 들이켰다.

보다 못한 하루히코가 술을 금지하자 술병을 회사나 집에 감춰 두고 몰래 마셨다. 그러자 정신 질환도 급격히 악화됐다.

11월 말에는 하루히코가 이혼을 진지하게 고민한 사건이 있었다. 그날 밤 일을 마친 하루히코는 렌과 미즈키를 데리고 근처 술집에 갔다. 가게 주인과는 전부터 알던 사이로 친하게 지내고 있었다. 가게에서는 즐겁게 마시고 집으로 돌아갔는데 다음 날 렌의 가방에서 위스키 병, 나무젓가락, 소스, 화장지가 무더기로 나왔다. 간밤에 아무도 보지 않는 틈을 타 가게 물건을 훔친 것이다.

하루히코는 분노했다.

"왜 하필 그 가게에서 훔쳤어?"

렌은 미안한 기색도 없이 순순히 절도를 인정했다.

오후에 하루히코와 렌은 술집을 찾아가 고개를 숙이고 훔친 물건을 돌려주었다. 렌도 순순히 죄송하다고 말했다. 주인도 용서했다.

하루히코는 부끄러움과 무력감으로 가득 차서 가게를 나섰다. 그런데 그때 렌이 다시 가게의 소주에 손을 대는 게 보였다. 그는 격노했다.

"뭐 해! 사과해 놓고 또 훔쳐?"

"아냐."

"훔치려고 했잖아. 내가 봤어!"

"아니라고."

시치미를 떼는 렌을 보고 하루히코는 더는 함께 살기가 어렵다고 생각했다. 다음 날 하루히코는 구청에서 이혼 신청 서류를 받아와 렌에게 건넸다.

"서명해."

렌은 쏘아보면서 이유를 물었다.

"지금 당장 이혼하자는 게 아니야. 다음에 또 훔치면 구청에 제출할 거야. 알았지?"

이렇게까지 하면 위기감을 느낀 렌이 절도를 그만두리라고 생각한 것이다. 렌은 알았다고 대답한 뒤 서명하고 도장을 찍었다.

그러나 하루히코의 기대는 며칠도 지나지 않아 꺾였다. 이틀 뒤, 가족끼리 식당에 갔는데 식사를 하던 미즈키가 수상쩍다는 표정을 지었다.

"엄마, 뭐 해?"

보니까 렌의 가방이 꽉 차있었다. 불길한 예감이 들어 가방을 열어 보니 물티슈와 설탕이 있었다. 가게에 있는 것들을 닥치는 대로 집어넣었던 것이다. 하루히코는 분노를 넘어 절망을 느꼈다.

도벽에 대해 둘이서 얼마나 얘기했는지 모릅니다. 기무라 렌은 그때마다 "이제 안 한다" 했고, 심각하게 주의를 주면 "아빠, 미안해. 이제 안 그럴게" 이렇게 편지를 썼습니다. 그렇지만 다음 날에는 같은 일이 반복됐고, 미안하다는 건 늘 말뿐이었습니다.

그렇게 배신감을 느껴도 이혼하지 않은 건 미즈키를 한부모 가정에서 자라게 하고 싶지 않았기 때문입니다. 저는 한 차례 이혼을 하면서 딸에게 슬픔을 안긴 적이 있어서 미즈키는 부모가 있는 상태에서 자라게 하고 싶었습니다.

만약에 기무라 렌이 상습적으로 폭력을 휘둘렀다면 주저 없이 이혼했을 겁니다. 그렇지만 그때는 그런 일은 없었습니다. 그래서 배신감을 느껴도 제대로 치료를 받으면 나으리라 기대하고 관계를 이어 갔던 겁니다.

하루히코는 당시 다니던 병원은 한계가 있다고 판단하고, 보다 전문적인 치료를 받을 수 있는 병원을 찾으려 했다. 그러나 렌의 마음의 병은 그가 상상했던 것보다 훨씬 심각했다.

크리스마스 직전인 12월 23일, 도쿄의 모 호텔에서 오후 4시부터 크리스마스 파티가 열렸다. 하루히코의 대학 동창들이 매년 주최하는 가족 모임이었다. 식장에서는 연회가 열리고 마술쇼 같은, 아이들을 위한 이벤트도 있었다.

이날 오후부터 하루히코는 회사에 가서 남은 일을 처리했다. 렌과 미즈키도 하루히코의 일이 끝날 때까지 회사에서 햄버거 세트를 먹고 컴퓨터를 만지작거리며 기다렸다.

오후 3시가 넘어 하루히코는 렌과 미즈키를 데리고 회사를 나와 택시로 호텔에 도착했다. 미즈키는 호텔 1층에 장식돼 있는 커다란 트리를 보더니 눈이 휘둥그레졌다. 하루히코는 그런 미즈키를 트리 앞에 세우고 기념사진을 찍었다.

2층 연회장에서 친구인 구보타 부부와 마주쳤다. 구보타 이치로는 고등학교 동창이었고, 그의 부인 구보타 유키코는 대학 동창이었다. 꽃구경이나 바비큐 파티 등을 하며 매년 서

너 번은 만나는 사이였고, 렌이나 미즈키 역시 잘 알고 있었다.

하루히코는 구보타 부부를 비롯해 동창들과 대화를 나눴다. 마술쇼가 시작되기 전이어서 아이들은 어른들 주변에 있었다. 미즈키도 동창들과 대화를 나누는 하루히코와 떨어져 아이들과 어울렸다.

4시가 좀 넘은 시각, 유키코는 식장을 걷다가 출입구에서 렌과 미즈키가 실랑이를 벌이는 걸 보았다. 렌이 험악한 얼굴로 미즈키의 팔을 잡아당기며 어딘가로 데려가려 하고 있었다. 미즈키는 싫다며 저항했고, 아버지를 찾는 듯 주변을 두리번거렸다. 유키코는 심상치 않다는 생각에 뒤를 쫓았으나 놓치고 말았다. 어디로 갔는지 둘러보다가 흡연실에서 담배를 피우는 하루히코를 발견하고는 다가가서 말했다.

"렌이랑 미즈키가 뭔가 실랑이를 벌이는 느낌으로 밖으로 나갔는데 어디 갔는지 안 보여. 몰라?"

하루히코의 표정이 굳었다.

"방금 화장실에 갔었는데, 여자 화장실 쪽에서 '엄마, 미안해. 미안해' 하면서 우는 소리가 들렸어. 무슨 일인지 봐줄래?"

"응, 알았어."

유키코는 뛰어갔다.

여자 화장실에는 여섯 칸이 있었다. 그중 문이 닫힌 칸에서 남자아이의 울음소리가 들렸다. 유키코가 문을 두드렸다.

"미즈키지? 렌도 있어?"

몇 초 뒤 렌의 목소리가 들렸다.

"괜찮아요."

미즈키는 울음을 멈추지 않았다.

"정말 괜찮아? 미즈키가 우는 것 같은데."

"이상한 걸 삼켰나 봐요. 걱정하지 말아요."

"도와줄까?"

"……."

"도와줄게. 문 좀 열어 봐."

렌은 대답이 없었다. 잠시 후 미즈키가 겁에 질린 목소리로 "미안해! 엄마, 미안해!"라고 외치는 소리가 들렸다. 그냥 미안하다고 하는 게 아니라 공포에 떨고 있는 것 같았다. 유키코가 문을 두드리자 갑자기 변기 물이 내려갔다. 물소리로 울음소리를 가리려는 모양새였다. 물소리 뒤로 미즈키가 떨면서 사과하는 소리가 들렸다.

유키코는 렌이 미즈키를 때리고 있다는 생각에 문을 두드리며 더 크게 외쳤다.

"문 좀 열어!"

문은 꿈쩍도 하지 않았다. 안에서 들리는 미즈키의 목소리가 점점 작아졌다.

여자 화장실 밖에서 하루히코가 물었다.

"무슨 일이야? 미즈키는 괜찮아?"

유키코는 화장실 밖으로 나가서 하루히코에게 상황을 전하고 다시 화장실로 돌아가 문을 두드리며 소리를 질렀다.

"렌! 제발 문 좀 열어. 미즈키 괜찮아?"

렌은 대답하지 않았다. 밖에서는 하루히코가 황급한 목소리로 외치고 있었다.

"미즈키! 괜찮아? 렌, 나와 봐. 미즈키라도 보내 줘."

유키코는 미즈키의 목소리가 들리지 않는 게 걱정이었다. 가만히 있을 수 없어서 옆 칸 변기 위로 올라가 렌과 미즈키가 있는 칸을 들여다보려 했다. 하지만 칸막이가 높아서 보이지 않았다. 어쩔 수 없이 위에서 렌을 불렀다. 화장실 문이 열린 건 그때였다. 유키코는 변기 위에서 내려와 옆 칸에 들어갔다. 미즈키는 변기 오른쪽에 쓰러진 채 무릎을 꿇은 것처럼 다리를 구부리고 절하듯이 상반신을 바닥에 엎드리고 있었다.

"미즈키!"

유키코는 미즈키의 얼굴을 보고 너무 놀랐다. 아이의 얼굴에는 온통 자줏빛 울혈이 생겨 있었고 아랫입술도 찢어져 피가 흘렀다.

렌은 변기 왼쪽에 망연자실한 표정으로 서있었다. 유키코는 미즈키를 껴안고 화장실 밖에 있는 하루히코에게 데려갔다. 하루히코는 떨리는 목소리로 무슨 일인지 물으며 미즈키의 몸을 흔들었다. 자세히 보니 목 주변에 끈에 졸린 듯한 검붉은 흔적도 있었다. 빨개진 얼굴에는 반점이 여러 개 보였고, 바지는 소변으로 흠뻑 젖어 있었다.

"미즈키! 아빠야. 알아보겠어?"

미즈키는 간신히 눈을 떴다. 이마에는 파란 혹도 생겨 있었다.

"무슨 일이야?"

"엄마가 …… 목, 졸랐어."

렌이 넋이 나간 표정으로 화장실에서 나왔다. 하루히코는 그녀를 불렀다.

"미즈키한테 무슨 짓을 한 거야?"

"…… 아무 짓도 안 했어."

"그럴 리가 없잖아. 아무 짓도 안 했는데 이렇게 됐다고?"

"안 했다고."

거짓말임이 분명했지만 따지고 있을 때가 아니었다.

이야기를 듣고 달려온 유키코의 남편 이치로는 미즈키를 보자마자 말했다.

"구급차 부를까?"

하루히코의 뇌리를 스친 것은 구급차를 부르면 일이 커질 수도 있다는 것이었다. 동창생들이 가족끼리 즐거운 시간을 보내는 곳에서 소동을 벌이고 싶지 않았다.

"괜찮아. 우리끼리 어떻게 해볼게."

하루히코는 화장실 밖 소파에 미즈키를 눕히고 진정될 때까지 곁을 지켰다.

이튿날은 아침부터 하늘이 흐렸고 찬바람이 몰아쳤다. 유치원이 겨울방학 중이었기 때문에 하루히코는 어제와 마찬가지로 렌과 미즈키를 데리고 회사로 출근했다. 회사는 연말이 가까워 직원들이 여유로운 분위기였다.

직원들은 미즈키의 얼굴을 본 순간 경악했다. 얼굴에 난 상처는 확실히 티가 날 정도로 변색돼 있었고, 목이 졸린 자국은 전날 밤보다 짙어져 있었다. 직원들은 무슨 일인지 물었다.

하루히코는 미즈키에게 안 좋은 기억을 상기시키고 싶지 않아서 얼버무렸지만 직원들은 납득하지 못했다. 대신에 렌이 웃으면서 말했다.

"괜찮아. 별일 아니니까 신경 쓰지 마."

마치 남의 일 같은 말투였다. 그 말을 들은 미즈키가 소리를 질렀다.

"아니잖아! 엄마가 끈으로 졸랐어!"

자신을 죽기 직전까지 몰아 놓고 태연한 어머니를 용서할 수 없었던 것이다.

하루히코는 일이 커지면 곤란하다는 생각에 화를 내는 미즈키를 껴안았다. 미즈키는 아버지의 기분을 살피고 입을 다물었다. 하루히코는 미즈키를 생각해 일단 둘을 떨어뜨려 놓는 수밖에 없다고 판단했다.

이때의 심정을 하루히코는 이렇게 밝혔다.

호텔에서의 소동은 기무라 렌이 처음으로 미즈키에게 위해를 가한 사건이었습니다. 그 전까지 때리거나 목을 조르는 일은 없었거든요. 그래서 제 자신도 호텔에서 일어난 일을 정리하는 데 시간이 걸렸습니다.

그날 밤 저는 미즈키에게 화장실에서 벌어진 일에 대해서 듣고, 목과 얼굴의 상처도 사진으로 찍어 두었습니다. 이혼할 때 증거가 될 거라 여겼기 때문입니다. 다만, 폭력을 휘두른 게 그때가 처음이었기 때문에 이혼을 강행하기보다는 하루라도 빨리 병원 치료를 시작해야 한다고 생각했습니다.

크리스마스가 지나고 도쿄의 병원에 사정을 설명하고 입원을 문의했습니다. 그렇지만 증상이나 시기가 안 맞아 입원할 수 있는 곳이 없었습니다. 회사에서의 태연한 태도를 보고 무서워져서 빨리 입원시키고 미즈키와 떨어뜨려야겠다는 생각이 들었습니다.

그 후에도 하루히코는 일을 하면서 병원을 알아봤지만 연말이었던 탓에 대답을 들을 수 없었다. 초조함 속에서 닷새가 지났다.

12월 29일, 도쿄의 겨울 하늘은 속이 비칠 것 같이 맑았다. 회사는 연말 휴가에 들어갔지만, 하루히코는 잡무가 남아 있어서 렌과 미즈키를 데리고 출근했다.

둘이 컴퓨터로 노는 동안 하루히코는 책상에서 작업을 했다. 이날은 저녁에 고등학교 동창의 부친상에 가야 했기 때문에 일을 일찍 끝내야 했다.

오후 3시가 지나 일을 마쳤는데 장례식까지는 시간이 있었다. 하루히코는 앞으로 어떻게 할지 고민했다. 연말연시에는 렌과 미즈키 옆을 지킬 수 있지만 일이 본격적으로 다시 시작되면 바빠질 것이다. 크리스마스 파티에서 몇 분 사이에 그런 일이 있었음을 생각하면 하루빨리 렌을 입원시켜야 했다.

하루히코는 예전에 경찰과 렌의 도벽에 대해 상담했을 때, 무슨 일이 있으면 연락하라던 경찰관을 떠올렸다. 그는 경찰서에 전화를 걸었다.

전화를 받은 경찰관에게 하루히코는 말했다.

"전에는 신세가 많았습니다. 사실 엿새 전에 아내가 아들 목을 졸랐습니다. 앞으로도 아내가 학대를 할지도 몰라요. 입원을 시키고 싶은데 어디 아는 곳 없으신가요?"

경찰관은 대답했다.

"학대 사건이라면 아동상담소에 전화해 보시는 게 어때요? 연중무휴이고 일시 보호도 하고 있어요."

"아이를 아동상담소에 보내고 싶지는 않아요. 그리고 연말연시엔 제가 감시할 생각이에요. 아내의 병을 고치고 싶어요. 병원을 소개해 주시겠어요?"

"그럼 여기로 연락해 보세요."

경찰관은 병원을 소개해 주었다. 하루히코는 감사 인사를 하고 전화를 끊은 후 병원에 전화를 걸었다.

병원에서는 간호사가 전화를 받았다. 하루히코는 렌에게 해리성 장애, 기억장애, 도벽이 있다고 이야기하고, 크리스마스 파티 때 일어난 사건을 설명한 뒤 되도록 빨리 입원시켜 달라고 부탁했다.

간호사는 대답했다.

"입원하려면 원장님하고 이야기를 해야 돼요. 오늘은 안 계신데 내일 오실 수 있나요?"

"알겠습니다. 원장님이 승낙하면 바로 입원할 수 있죠?"

"그럴 수도 있을 것 같아요."

전화를 끊고 하루히코는 이렇게 하면 되겠다 싶어 가슴을 쓸어내렸다. 암흑 속에서 한 줄기 빛이 비치는 느낌이었다.

이때의 심경을 하루히코는 이렇게 말한다.

병원 간호사와 통화를 한 뒤에 기무라 렌을 불러서 내일 상담을 하러 가자고 말했습니다. 입원하게 될 수도 있다는 얘기도 전했어요. 처음에는 싫어하는 것 같았지만, 제가 휴대 전화로 찍은 미즈키의 사진을 보여 주면서 꼭 치료가 필요하다고 설득하니까 마지못해 "알았어. 이번에는 입원할게"라고 대답했습니다. 마음이 놓였습니다. 이렇게 하면 당분간은 미즈키에게 해를 끼치지 못할 것이고, 렌도 좋아질 거라는 기대가 있었죠.

하루히코는 나름대로 최선의 대처를 했다. 그러나 원장의 부재 때문에 면담이 하루 늦어진 사이 끔찍한 사건이 일어나게 된다.

회사에는 내일 병원에 가기로 했다고 말한 뒤, 하루히코는 예정대로 렌과 미즈키를 데리고 장례식에 갔다. 돌아오는 길에 근처 쇼핑몰에 들러서 저녁을 먹기로 했다.

쇼핑몰은 연말이어서 평소보다 붐볐고 가게들도 화려하게 장식되어 있었다. 미즈키는 그것이 반가운 듯 들떠 있었고, 매장에 진열된 인기 캐릭터 모양의 입욕제를 보고는 사달라고 졸랐다. 하루히코는 집에 같은 입욕제가 있었기 때문에 다른 입욕제를 사주고, 인기 캐릭터 뽑기를 하게 해줬다.

렌은 두 사람을 물끄러미 보다가 중얼거렸다.

"좋겠네. 아빠가 다정해서"

"좋겠네. 아빠가 다정해서."

하루히코는 몰랐지만, 렌은 자신을 정신병원에 입원시키고 미즈키만을 사랑하는 남편을 비꼰 것이었다.

쇼핑몰에서 식사와 쇼핑을 마친 뒤, 셋은 차를 타고 회사로 돌아갔다. 집까지는 한 블록밖에 떨어져 있지 않았고 걸어서 3분 거리였기 때문에 회사 주차장에 차를 세운 것이다.

이때 렌은 주차장에서 아무 말 없이 계단을 올라 사무실에 들렀다. 하루히코와 미즈키는 밖에서 기다리다 금세 돌아온 렌과 셋이서 집으로 갔다.

아파트에 들어간 것은 오후 9시가 지나서였다. 집에 들어가면 큰 창으로 도쿄의 거리가 한눈에 들어온다. 지상에서 13층까지는 39.6미터. 대부분의 건물은 그보다 낮았다.

하루히코가 히터로 몸을 녹이는 동안 미즈키는 사온 입욕제를 손에 들고 "이걸로 목욕할 거야!"라고 천진난만하게 외쳤다. 그때 렌이 재빨리 욕실로 들어가 버렸다. 그녀는 목욕을 한 시간 이상 하는 편이었다. 하루히코는 미즈키를 달랬다.

"아, 엄마가 먼저 목욕하러 가버렸네. 어쩔 수 없으니까 아빠랑 침대에서 게임할까?"

온종일 밖에 있었으니 상당히 피곤할 터였다. 침대에서 놀다 보면 그대로 잘 것이다. 목욕은 내일 하면 된다.

하루히코는 이렇게 생각하고 바닥에 놓인 장난감을 챙겨

둘이서 침대에 누웠다. 야경이 보이는 창은 굳게 닫혀 있었고, 외부의 소음도 들리지 않았다.

둘이서 놀다 보니 예상대로 미즈키가 졸린 듯 눈을 비볐다.

"아빠, 나 졸려."

그는 미즈키를 쓰다듬었다.

"그럼 잘래? 목욕은 내일 하자."

미즈키는 눈을 감더니 바로 잠이 들었다. 깊이 자는 편이어서 잠들면 아침까지 깨지 않는다.

하루히코 역시 졸렸지만 할 일이 남아 있었다. 내일 병원에 가는 것에 대해 마지막으로 이야기를 나누고 입원 준비를 해야 했다.

오후 11시, 욕실에서 렌이 나왔다. 그녀는 침실을 보더니 말했다.

"미즈키는 자?"

"응, 게임 하다가 잠들었어."

"나, 휴대전화를 회사에 놓고 온 것 같은데 가지러 가도 돼?"

아까 잠깐 사무실에 들렀을 때 놓고 왔다는 것이었다. 하루히코의 뇌리에 불안이 스쳤다. 혼자서 외출하면 편의점에 들러서 물건을 훔칠 수도 있었다.

"그럼 내가 갖고 올게. 어디 뒀어?"

"사무실 책상. 전화기 옆에."

뚜렷이 기억하고 있는 것 같았다.

"알았어. 내가 갔다 올 테니까 집에 있어."

"응."

하루히코는 옷을 입고, 다음 날이 쓰레기를 버리는 날이어서 음식물 쓰레기를 든 채 아파트를 나섰다.

회사에 도착하자마자 하루히코는 셔터를 올리고 계단을 올랐다. 책상에는 렌의 말대로 휴대전화가 있었다.

휴대전화를 챙겨 집으로 돌아오는 길에 찬바람이 불어서 하루히코는 자판기에서 따뜻한 캔 커피를 샀다. 그는 캔을 웃옷 주머니에 넣고 손을 데우면서 집에 돌아왔다. 집을 나서서 돌아올 때까지는 20분이 걸렸다.

골목에 들어서자 아파트 앞에 렌이 혼자 서있는 게 보였다. 주변을 두리번거리고 있었다.

하루히코는 말을 걸었다.

"무슨 일이야?"

"미즈키가 없어."

농담인 줄 알았다.

"그럴 리가 있나. 자고 있었잖아."

"아빠가 나갈 때 문 여는 소리에 깼어. 그러더니 따라서 나가 버렸어."

하지만 미즈키는 문이 닫히는 소리로는 깰 애가 아니었

6 아동 학대

고, 게다가 한겨울 오밤중에 다섯 살 남자애가 혼자서 밖에 나갈 리가 없었다. 아마도 렌이 이상한 망상을 하는 것이라 생각했다.

하루히코는 한 귀로 흘려듣고 말했다.

"방에서 자고 있을 거야. 일단 집에 가자."

엘리베이터를 타고 13층을 눌렀다.

현관에서 신발을 벗고 침실에 가보았다. 그 순간 하루히코의 등골이 서늘해졌다. 닫혀 있던 창은 어째서인지 열려 있었고, 찬바람이 소리를 내면서 불어오고 있었다. 침대에 미즈키는 없었다. 다음 순간, 상상할 수 있는 최악의 시나리오가 뇌리를 스쳤다.

'렌이 창밖으로 떨어뜨렸다!'

서둘러 집을 뛰쳐나가 1층으로 내려갔다. 창문 바로 아래는 화단이었다. 거기에 피투성이의 미즈키가 쓰러져 있었다.

"미즈키!"

달려가서 껴안았지만, 축 늘어진 채 반응이 없었다.

"미즈키! 미즈키!"

팔다리가 축 늘어졌다. 창에서 떨어져 바닥에 부딪혔다면 온몸이 성치 않을 것이다.

구급차를 불러야 한다고 생각했지만, 휴대전화를 집에 놓고 와버렸다. 하루히코는 피범벅이 된 미즈키를 안고 되돌아갔다. 입구에서 엘리베이터 버튼을 몇 번이나 눌렀지만, 좀처럼 내려오지 않았다.

가만히 있을 수가 없어서 미즈키의 손을 잡고 불렀다.

"괜찮아? 미즈키! 괜찮아?"

미즈키는 대답을 하지 않았지만, 작은 손으로 하루히코의 손가락을 잡았다.

아직 살아 있다. 하루히코는 어떻게든 살려야 한다는 생각에 미즈키의 입술에 입을 대고 인공호흡을 했다. 그러자 미즈키가 하루히코의 혀를 깨물었다.

엘리베이터가 1층에 도착한 것은 그때였다. 커플로 보이는 남녀가 내렸다. 집으로 전화를 가지러 가느니 둘에게 부탁하는 게 빨랐다. 하루히코는 미즈키를 안은 채 말했다.

"죄송하지만 전화기 좀 빌려 주세요!"

커플은 당황한 것 같았다. 하루히코는 아랑곳없이 말했다.

"애가 다쳤어요! 경찰에 신고해 주세요. 부탁입니다."

구급차가 아닌 경찰이라는 말이 나온 것은 렌이 떨어뜨렸다고 확신했기 때문이다. 커플은 그 자리에서 경찰에 신고했다. 경찰차가 아파트에 도착한 것은 7분 뒤였다. 이어서 구급차도 왔다.

미즈키는 대학병원으로 이송됐지만 이미 늦었다. 의사가 사망을 확인한 것은 오전 0시 12분이었다.

사건 직후 경찰은 하루히코의 증언을 바탕으로 렌을 구속했다. 렌은 살인을 부정했기 때문에 경찰은 크리스마스 파티 때의 살인미수 혐의로 체포하고 취조를 진행했다.

이듬해 1월에는 책임능력을 조사하기 위해 (피의자의 정신감정을 위해 병원 등에 입원 조치하는) 유치 감정이 이루어졌다. 하지만 그사이에도 렌은 혐의를 완강히 부인하면서 "미즈키가 혼자서 창밖으로 떨어졌을 뿐"이라고 우겼다. 그런 그녀가 사실을 인정하는 진술을 한 것은 4월에 유치 감정이 끝나고 살인미수로 기소된 직후였다.

렌은 이렇게 말했다.

아이를 좋아하지 않았다. 육아 때문에 지쳐서 정신과에 다닐 정도였기 때문에 없는 편이 낫다고 생각했다. 그리고 남편이 아들에게만 애정을 쏟는 걸 용납할 수 없었다. 그래서 미즈키를 창밖으로 떨어뜨렸다. 방해가 되니까.

자신의 자유로운 시간과 남편의 애정을 빼앗는 존재일 뿐이어서 창밖으로 미즈키를 던져 버렸다고 인정한 것이다.

6월에 살인죄로 기소되면서 다시 언론에 대대적으로 보도가 되었다. 그때 인터넷 댓글란에는 렌의 이기적인 행동을 성토하는 목소리가 들끓었다. 대부분 렌을 희대의 악녀로 치

"좋겠네. 아빠가 다정해서"

부하고 절대 용서할 수 없는 사건이라고 말했다. 정신 질환을 고려하더라도 엄벌은 당연하다는 반응이었다.

한편, 재판에서 변호인 측이 밝히려 했던 것은 렌의 마음 속에 드리운 그림자였다. 단순히 정신 질환을 앓는 사람이 일으킨 범죄로 치부하는 대신, 성장기에 마음이 병들게 된 경위에 주목하는 것이 중요하며 그것이 사건의 본질이라고 본 것이다. 변호인의 주장과 취재를 통해 드러난 렌의 지난날은 실제로 상상을 초월했다.

철이 들 만한 나이부터 렌의 가정에는 아버지도 어머니도 없었다. 렌은 부모에게 버림받은 아이였다.

렌의 어머니 아이코는 문제아로 유명했다. 사춘기 이후에는 유흥가에 틀어박혀 부모도 손을 쓸 수 없었고, 집을 나간 뒤에는 SM 클럽에서 "여왕님"으로 일하게 된다. 그 무렵 집과는 아예 연락이 끊긴 상태였다.

1980년 5월, 유흥가에서 일하던 아이코는 당시 사귀던 남성과의 사이에서 렌을 낳는다. 그러나 출산 직후 남자는 도망쳤고, 양육비도 받을 수 없었다. 의지할 곳이 없었던 그녀는 생후 9개월의 렌을 데리고 친정으로 돌아갔다.

렌의 조부모는 아이코가 갑자기 아기를 데리고 나타났으

니 놀랄 수밖에 없었다. 게다가 아이코는 별다른 설명도 없이 조부모에게 렌을 맡기고 유흥을 즐겼다. 참다못해 주의를 주자 아이코는 "짜증 나게 한다"며 렌을 데리고 집을 나왔다.

아이코가 다시 친정에 돌아온 것은 1년쯤 뒤였다. 잔소리가 싫어서 혼자 해보려고 했지만, 육아가 만만치 않았던 것이다. 그러나 이때도 조부모와의 충돌 끝에 렌을 데리고 사라져버렸다.

걱정이 된 조부모가 찾아다닌 끝에 아이코는 렌을 친구 집에 맡기고 다른 남자와 살고 있다는 사실을 알게 되었다.

렌이 딱했던 할아버지는 친구에게 말했다.

"아이코가 애를 돌보지 않는다면 우리한테 맡기는 게 어때요?"

친구는 싸늘하게 말했다.

"저도 부탁을 받아 맡고 있는 거라서 제 마음대로 드릴 수 없습니다."

할아버지는 달리 어쩌지 못하고 떠났다.

그 집에서 렌이 어떻게 살았는지는 알 수 없다. 아마도 골칫덩이 취급을 받았을 테고, 아이코가 만나러 오는 일도 거의 없었을 것이다. 한 살 때 일이라 렌 자신도 기억하지 못했다.

아이코가 친정에 세 번째로 돌아온 것은 1년이 지난 뒤였다. 친구가 이제 렌을 돌볼 수 없다며 돌려보낸 것이다. 아이코는 말했다.

"나, 남자랑 다른 데서 살고 있어. 그래서 이 아이를 돌볼수가 없어. 대신 어떻게 좀 해줘."

무책임한 말에 화가 났지만 거절하면 렌만 힘들어질 뿐이었다. 그럴 바에는 자신들이 키우는 편이 나았다.

할아버지는 말했다.

"알았다. 두고 가거라. 내가 돌볼게."

자신들이 부모 대신 아이를 키우기로 한 것이다.

이 무렵의 일을 할아버지는 이렇게 회상한다.

아이코는 렌에게 쌀쌀맞았습니다. 언제나 남자가 끊이지않으니 렌이 방해가 된 거겠죠. 렌은 불쌍한 아이였습니다. 저는 아이코 대신 애정으로 키우려 했습니다. 렌은 아버지가 없었으니 제가 아버지가 되어 주려고 공원이나 낚시에데려가곤 했어요. 목마를 태우거나 술래잡기를 했던 기억이 많이 나네요.

할아버지는 애정을 쏟았지만, 아이코가 친정에 오는 일은 1년에 한두 번 정도였다. 렌은 자신을 키워 준 조부모를 "아빠" "엄마"라고 불렀지만, 가끔 만나는 아이코는 "언니"라고 부르며 거리를 두었다.

렌은 이 시기가 인생에서 "무척 행복"했다고 말한다. 그러나 렌은 할아버지에게는 애착을 가졌지만 할머니에게는 그렇지 않았던 것 같다.

할아버지 집에서 생활할 때는 즐거웠어요. 할아버지는 멋지고 상냥하고 뭐든 잘했어요. 말투도 점잖았고요. 산책을 같이 가기도 하고 안아 주기도 했어요. 제게는 태양 같은 분이었어요.

할머니는 정원 손질을 자주 했고, 밥을 해주거나 학교에 데려다줬어요. 그렇지만 좋아할 수는 없었어요. 술집에서 일했는데 돈돈돈 했어요. 저한테 술을 따르게 하기도 하고, 취하면 다른 사람 험담만 했어요.

나중에 렌이 스물세 살 차이 나는 하루히코와 결혼해 지나친 애정을 요구한 배경에는 할아버지에 대한 동경이 있었던 것인지도 모른다.

조부모의 집에서 보내던 행복한 생활이 끝난 것은 렌이 초등학교 3학년 때였다. 아이코가 나타나 이렇게 말한 것이다.

"앞으로 렌은 내가 키울 거야. 그러니까 돌려줘."

렌은 몰랐지만, 할머니는 아이코에게 "양육비" 명목으로 현금이나 고급 명품 시계를 요구했다. 진절머리가 난 아이코

"좋겠네. 아빠가 다정해서"

가 렌을 키우겠다고 한 것이다.

당시 아이코는 성매매 업소에서 일하면서 아파트에서 쇼스케라는 애인과 동거 중이었고, 렌도 여기서 함께 살게 되었다. 쇼스케는 전형적인 "기둥서방"이었는데, 아이코에게 용돈을 받아 매일같이 파친코, 경마장, 경륜장 등을 전전하며 도박에 빠져 있었다.

밤에 아이코가 일을 하러 나가면 렌은 쇼스케와 단둘이 있을 때가 많았다. 쇼스케는 술버릇이 나빠 도박에서 진 날은 렌에게 화풀이를 했다. 렌이 티브이 앞에 앉아 있기만 해도 "야, 왜 여기 있어?" "쪼끄만 게, 죽여 버린다"라며 호통을 쳤고, 있는 힘껏 머리를 때리거나 등을 발로 차기도 했다. 또 얼굴만 봐도 "못생긴 게, 방에서 나오지 마!"라고 욕설을 했다.

렌은 쇼스케의 폭력에 대해 이렇게 말했다.

그 사람은 제가 그냥 싫었나 봐요. 거실에 앉아 있기만 해도 욕을 하면서 목을 졸랐어요. 목을 잡고 허공에 들어 올린 적도 있어요. 술을 마시다가도 먹던 캔을 집어던지곤 했어요. 항상 방에 들어가 있으라고 한 걸 보면 제가 눈에 거슬렸던 것 같아요.

이 무렵부터 렌은 큰소리가 들리면 공포로 손발을 움직이

245

지 못하고 온몸을 벌벌 떨었다. 쇼스케의 화내는 목소리, 벽을 차는 소리, 그릇 깨지는 소리가 렌의 마음에 트라우마로 자리 잡았던 것이다.

쇼스케는 렌을 성적으로 학대하기도 했다. 렌은 이렇게 말한다.

방에서 조용히 있으면 그 사람이 와서 제 발목을 잡고 다리를 벌려서는 발로 음란한 짓을 했어요. 무척 수치스러웠습니다.

또 침실을 같이 썼기 때문에 제가 자는 옆에서 둘이 섹스를 하는 일도 있었어요. 제가 깨있는 걸 알고도 하는 거예요.

처음에는 뭔지 모르고 엄마가 크게 비명을 지르니까 괴롭힌다고 생각했어요. "그만해!"라고 소리쳐도 둘은 무시하고 했어요. 섹스가 뭔지 알고 나서는 둘이 하고 있어도 가만히 있게 됐어요. 자는 척할 때도 있었고, 말없이 다른 데를 바라볼 때도 있었어요.

쇼스케와 아이코는 가끔 렌을 데리고 러브호텔에 가서 넓은 더블베드에서 섹스를 하기도 했다. 그동안 렌은 소파나 욕실에서 아무 말 없이 둘의 신음 소리를 들어야 했다.

중학교에 들어갔을 무렵 아이코와 쇼스케에 대한 렌의 증오는 폭발 직전이었다. 렌은 세 살 연상의 선배와 사귀게 되면서 집을 나와 선배네 집에서 지내기 시작했다. 그 집에는 선배의 부모와 형제도 살고 있었는데, 가출 소녀를 집에 재우면서도 태연스러웠다고 하니 평범한 가정은 아니었던 것 같다. 그러나 렌은 부모로부터 벗어난 것만으로도 만족스러웠다. 도벽이 시작된 건 바로 이 무렵이었다.

중학교를 졸업한 뒤 렌은 주유소와 노래방 아르바이트를 거쳐 소위 '물장사'의 세계에 발을 디뎠다. 학력도 부모의 원조도 없었던 그녀가 돈벌이를 할 수 있는 몇 안 되는 곳이 물장사였음은 상상하기 어렵지 않다.

그러나 초등학교 때부터 누적된 트라우마는 렌의 마음을 갈기갈기 찢어 놓았고 성격을 비뚤어지게 만들었다. 경찰 기록에 따르면 이즈음 도벽뿐만 아니라 공황장애와 허언증이 시작된 것 같다. 그런 가운데 스물일곱 살이 될 때까지 두 차례 이혼을 했고, 아이의 친권도 전남편에게 넘겼다.

그즈음 인터넷에서 만난 이가 쉰 살의 하루히코였다. 하루히코는 렌의 과거를 거의 몰랐지만 함께 살면서 그녀의 마음에 드리운 그림자를 알게 되었다. 하루히코에게 잘못이 있다면 이때 렌의 문제를 직시하는 대신 어떻게든 되겠지 하며 가볍게 생각한 것일 게다.

렌의 마음은 하루히코가 생각했던 것보다 훨씬 더 심각하게 망가져 있었다. 그리고 자신에게 상처를 준 어머니 아이코의 죽음을 알고 긴장의 끈이 끊기며 정신적으로 붕괴한 것이다. 해리성 장애와 기억장애가 중증이 되었을 때는 스스로를 제어할 방법이 없었을 것이다. 그런 그녀가 마음의 균형을 잃고 저지른 것이 이번 사건이었다.

재판에서 변호인이 증인으로 부른 의사도 렌의 이상행동에는 어린 시절의 학대가 깊이 관련되어 있다고 주장했다. 정신감정에서는 앞서 말한 정신 질환 외에 다음과 같은 문제가 지적되었다.

- 경증의 지적 장애(지능지수 60)
- 적응 장애
- 혼합성 인격 장애

학대를 당한 아이들이 뇌에 큰 상처를 입고 이런 장애를 겪게 된다는 사실은 의학적으로도 증명되어 있다. 하지만 어디까지가 선천적이고 어디까지가 후천적인지는 증명하기 어렵다. 다만, 렌이 자신의 아이를 사랑하지 못하고 남편의 애정을 갈구한 나머지 미즈키를 살해한 배경에 어린 시절부터 짊어지고 있던 무수한 트라우마와 아픔이 있었음은 분명하다.

"좋겠네. 아빠가 다정해서"

공판에서 렌의 진술은 오락가락했다. 그녀는 이미 살인을 인정했음에도 갑자기 "창에서 떨어뜨린 적 없습니다"라고 말하기도 하고 "반성하는 부분은 목을 조른 것뿐입니다"라고 말하기도 했다. 거짓말을 한다기보다는 무엇이 사실인지 모르는 눈치였다.

재판에 증인으로 출석한 하루히코는 이렇게 말했다.

제 스스로 아들을 지켜 주지 못한 게 원통합니다. 유골은 납골당에 두지 못하고 제가 가지고 있습니다. (죽었다는 사실을 렌이 부정하고 있는 이상) 이대로는 미즈키도 편히 잠들 수 없을 겁니다. 사건의 진상을 밝혀 주시기 바랍니다. 저는 기무라 렌을 증오합니다. 엄벌을 원합니다. 이제는 기무라 렌과 얽히지 않으면 좋겠습니다.

하루히코에게 렌은 증오의 대상일 뿐인 것 같았다.

판사는 판결을 내리면서 렌이 정신 질환을 앓고 있음은 인정했지만, 책임을 대폭 경감할 이유는 되지 않는다고 판단하고 징역 11년(검사 구형 징역 15년)의 판결을 내렸다.

7

사건 이후의 삶

"제가 대신
매일 생각하기로 했어요"

가족 간에 벌어지는 살인 사건에는 한 가지 특징이 있다. 가족 모두가 '가해자 가족'이자 '피해자 가족'이 된다는 점이다.

예를 들어, 어머니가 큰딸을 죽인 경우를 생각해 보자. 이 경우 남편, 부모, 형제자매, 그리고 남은 아이들은 가해자 가족인 동시에 피해자 가족이 된다. 가족들은 하나의 사건으로 인해 두 개의 무거운 십자가를 지게 되는 것이다.

이들 대부분은 사건에 대해 입을 굳게 다물고 남의 눈을 피해 조용히 산다. 가족이 가족을 죽인 경우 손해배상을 청구할 수도 없고, 지인에게 분노와 슬픔을 토로할 수도 없다. 이러지도 저러지도 못하는 답답하고 우울한 마음을 혼자서 껴안고 살아갈 수밖에 없는 것이다.

마지막 장에서는 가족 살인에 관계된 사람들이 사건 이후 어떤 삶을 살아가는지 살펴보려 한다.

1966년, 수도권 북부의 유명 온천에 가까운 작은 마을에서 오카가키 유미코가 태어났다. 나중에 가해자가 되는 여성이다.

유미코는 세 자매 중 둘째였는데, 혈연관계가 다소 복잡하다. 아버지 겐이치로와 어머니 하나요는 재혼이었다. 첫째 요코와 둘째 유미코는 하나요가 전남편과의 사이에서 낳은 아이였고, 유미코보다 세 살 어린 막내 이쿠코만이 하나요와 겐이치로 사이에서 태어난 아이였다. 부부는 이 사실을 딸들이 클 때까지 비밀에 부쳤다.

세 자매 중에서 유미코는 가장 천방지축인 성격이었다고 한다. 어릴 적부터 제멋대로 행동했고, 초등학교에 들어간 후에는 더욱 좌충우돌해 가족이나 친구들과 자주 충돌했다. 학교 안팎에서 문제를 일으켜 부모가 불려 가는 일도 잦았다. 가족들 말에 따르면, 요즘 같으면 무슨 장애가 있는 건 아닌지 의심해 볼 만한 아이였다.

아버지 겐이치로는 유미코에 대해서는 거의 간섭하지 않았다. 결국 교육과 뒤치다꺼리는 어머니의 몫이었는데 유미코가 클수록 감당이 되지 않았다. 아무리 말로 타일러도 듣지 않았고, 집에서도 학교에서도 문제만 일으켰다. 어머니는 매일같이 여기저기 사과하러 다니는 게 일이었다.

부모와 딸들 사이에 깊은 균열이 생긴 것은 유미코가 중학교에 들어간 직후였다. 부모는 요코와 유미코에게 감춰 왔던 출생의 비밀을 털어놓았다.

"너희는 엄마가 첫 결혼에서 낳은 아이야. 그러니까 지금 아빠는 친아빠가 아니야."

"제가 대신 매일 생각하기로 했어요"

중학생 정도 되면 이해해 주리라 믿고 한 이야기였다.

그러나 사춘기 딸들은 이 이야기를 듣고 충격이 컸다. 요코는 부모와 사이가 나빠졌고 고등학교에 진학하면서 집을 나와 할머니 집에서 지내게 되었다. 유미코는 학교에 가지 않았고, 중학교를 졸업한 뒤에는 집을 나와 료칸에서 숙식을 해결하며 일을 했다.

그 온천은 전국적으로도 유명한 관광지였던 데다가 1980년대는 경기가 좋았던 시절이라 관광객으로 붐볐다. 유미코는 료칸에서 카운터 일을 맡았다.

그러나 여기서도 자주 문제를 일으켜 경찰서 신세를 지게 된다. 예전부터 도벽이 있어서 경찰에 잡혔다가 훈방된 적도 몇 번 있었다. 료칸에 취직한 뒤에도 매점 선반에 진열된 상품을 거리낌 없이 갖다 쓴 사실이 발각되었다. 부모는 경찰에서 연락이 올 때마다 온천까지 찾아가 사과를 했다.

얼마 뒤 유미코는 '도우미' 일을 시작했다. 온천의 연회에서 술을 따르거나 같이 마시면서 대화를 나누는 일이었다. 10대인 이유도 있고 손님들 사이에서 인기가 많아 여기저기 불려 다녔던 모양이다. 유미코는 미성년이었음에도 술이 세서 매일 새벽까지 마시고도 다음 날 아침에는 아무렇지 않았다.

밤일을 시작한 유미코는 남자들에게 인기가 많았다. 그중 몇 명과 관계를 맺기도 했는데, 갈등도 끊이지 않았다. 혼자 있는 걸 싫어하는 성격인데다 상대방에게 애정을 많이 요구했기 때문에 조그만 일로도 질투하면서 상대를 시험하거나 싸움을 걸었다.

가장 속을 썩인 부분은 감정적이 될 때마다 벌이는 자살 미수였다. 연인과 말싸움을 할 때마다 머릿속 나사가 빠진 것처럼 소리 지르고 난동을 부리면서 친구들에게 "죽어 버리겠다"라고 떠들고 다녔다. 부모도 그때마다 소동에 휘말렸다.

당시 중학생이었던 동생 이쿠코는 이렇게 말한다.

집을 나간 뒤로 유미코는 1년에 몇 번씩 자살 미수 소동을 일으켰어요. 거의 남자가 원인이었죠. 갑자기 부모님한테 전화를 걸어서 "나 지금 뛰어내릴 거야!"라거나 "집에서 손목을 그을 거야"라고 말했어요. "집에 가스가 가득 차서 속이 안 좋아"라고 말한 적도 있어요. 그때마다 부모님은 차로 달려갔죠.

한마디로 말해 유미코는 정신적으로 무척 나약하고 불안정한 사람이라고 생각해요. 남자와 잘 사귀지도 못하면서 쉽게 관계를 가지죠. 그러다가 뜻대로 되지 않으면 자살한다고 말하고 주변 사람들을 괴롭히는 거예요. 부모님은 언니를 전혀 이해하지 못했어요. 무슨 생각을 하는지 몰랐죠. 그래서 항상 시달렸던 것 같아요.

"제가 대신 매일 생각하기로 했어요"

당시 열예닐곱에 불과했던 유미코를 부모가 모른 척할 순 없었을 것이다.

열일곱 살 무렵, 유미코는 사귀던 남자와의 사이에 아이가 생겼음을 알게 된다. 상대는 같은 료칸에서 일하던 서른두 살 남성이었다. 유미코는 혼인신고와 동시에 친정으로 들어왔다. 친정에서 료칸까지는 차로 30분 거리였다. 자신은 출산을 준비하고, 남편은 료칸까지 통근을 하게 할 생각이었다.

이 무렵 친정에는 부모인 겐이치로와 하나요, 동생 이쿠코가 살고 있었다. 셋은 유미코가 갑자기 남편과 함께 들어와 산다는 말에 놀랐지만, 쫓아낼 수도 없어서 동거를 허락했다. 친정에 와서도 유미코의 욱하는 성격은 낫지 않았고, 남편과 매일같이 충돌했다.

어느 날 심한 말싸움 끝에 유미코는 이렇게 말했다.

"이 집에서 나가! 이혼하자고. 두 번 다시 안 볼 거야. 아이도 내가 키울 테니까 꺼져!"

유미코는 그렇게 홧김에 남편을 내쫓고 만다.

부모의 만류에도 불구하고 유미코는 이혼 후, 1983년에 혼자서 딸 히토미를 출산했다.

출산 후에도 유미코는 엄마로서의 자각이 없었던 것 같다. 퇴원하자마자 "아이를 키우려면 돈이 드니까 일을 해야지"라며 히토미를 부모에게 맡긴 채 온천의 '도우미' 일에 복귀했다. 부모가 밤에만 애를 봐주겠다고 했는데, 유미코는 한동안 아예 집에 들어오지 않았다. 어느새 만난 남성과 동거를 시작한 것이다.

유미코는 생활비도 내지 않았고, 갑자기 친정에 나타나 저녁만 먹고 히토미를 놔둔 채 집을 나가곤 했다. 그런 일을 되풀이하는 딸을 하나요는 몇 번이나 타이르며 당부했다.

"너도 이제 엄마야. 히토미를 어쩔 생각이야. 정신 차리고 키워야지."

하지만 유미코는 오히려 "나도 일을 하고 있잖아!"라며 화를 냈다.

그러던 어느 날, 하나요가 평소처럼 타이르자 유미코는 히토미를 데리고 나가 버렸다. 하나요는 드디어 딸을 키우기로 했구나, 생각했다. 그러나 며칠 뒤 유미코가 친정에 왔는데, 히토미가 보이지 않았다. 어떻게 된 일이냐고 묻자 유미코가 무심하게 말했다.

"시설에 맡겼어. 내가 키울 수 없어서 맡기기로 했어."

생후 3개월의 히토미는 목도 가누지 못하는 상태였다. 그런 아이를 시설에 맡기다니.

하나요가 시설을 찾아갔을 때, 히토미는 다른 아이한테 풍진을 옮아 발진에 시달리고 있었다(나중에 이로 인해 시력이 약해졌다). 하나요는 안쓰러운 마음에 히토미를 집으로 데려왔다.

무슨 생각을 하는지 모를 유미코를 대신해 하나요가 다시 히토미를 키우게 되었다. 이쿠코에 따르면 몇 주 뒤 집에 처음 보는 서류가 한 통 도착했다고 한다. 법원에서 온 고소장이었다. 거기에는 유미코가 딸을 빼앗겼다며 부모를 민사소송으로 고소한다는 내용이 적혀 있었다.

입이 다물어지지 않았다. 유미코가 엄마 노릇을 못 하겠다며 시설에 맡긴 히토미를 자신들이 데려와 돌보고 있는 것인데 고소라니. 함께 일하는 동료들이 꼬드겨 돈을 뜯어내려 한 것이 틀림없었다.

너무 화가 났지만, 일단은 고소를 취하해 달라는 수밖에 없었다. 하나요는 감정을 억누르고 자신들이 히토미를 키울 테니 고소를 취하해 달라고 대화를 통해 유미코를 설득하려 했다.

이쿠코는 당시 상황에 대해 이렇게 말한다.

부모님은 유미코에게 휘둘리기만 했어요. 속으로는 연을 끊고 싶었는지도 모르지만 손녀인 히토미 때문에 그럴 수도 없었죠. 유미코가 애를 돌볼 생각이 없다는 것도 분명했어요. 결국 당신들이 히토미의 부모가 되어 유미코로부터 보호해야 한다고 다짐했던 것 같기도 해요. 이대로는 히토미가 큰일 날 것 같아서 중학생인 저도 그렇게 해야 한다고 여겨 될 수 있으면 도우려 했어요.

그렇게 하나요는 유미코 대신 히토미를 키우기로 결심
한다.

하나요는 자기 시간을 모두 히토미를 키우는 데 쏟아부었다.
경제적으로도 아이를 키우는 일은 큰 부담이었지만, 못난 딸
을 둔 부모의 탓으로 받아들였다.

유미코는 그런 부모의 마음은 아랑곳하지 않은 채 자유롭
게 살았다. 정신적으로도 성장하지 못하고 가게 물건을 훔치
거나 동료와 싸움을 일삼고 연애 문제로 자살 소동을 벌이는
일을 반복했다. 하나요는 히토미에게 나쁜 영향이 미치지 않
도록, 아이를 유미코로부터 되도록 멀리 떨어뜨려 놓으려 애
썼다.

어느 날 하나요의 걱정은 현실이 되었다. 그날, 유미코는
사귀던 남자와 헤어져 공황 상태로 친정에 들이닥쳤다. 늘 있
던 일에 진절머리가 난 하나요는 빨리 돌아가라고 종용했고,
그러자 유미코는 격분해 세 살 된 히토미를 안고 집을 나갔다.

하나요는 히토미를 도대체 어디로 데려갔는지 걱정이었
다. 몇 시간 후에야 유미코에게서 전화가 왔다. 그녀는 흐느끼

면서 말했다.

"이렇게 살아서 뭐 해! 지금 히토미랑 같이 죽을 거야!"

히토미와 함께 죽겠다는 말에 하나요는 당황해서 말했다.

"잠깐만! 지금 어디야?"

"무슨 상관이야? 죽을 거야! 자살할 거야!"

"그만해. 왜 히토미를 데리고 그래? 어디 있는지 말해."

몇 번을 물어도 유미코는 장소를 말하지 않았다. 다만, 대화를 통해 산속 공중전화라는 것은 알 수 있었다. 유미코가 몇 번이나 자살한다고 찾았던 산이 있었다. 밑져야 본전이라는 생각에 차를 타고 가보았다.

산속의 짐작 가는 장소에 가보니 예상대로 유미코의 차가 주차돼 있었고 차 안에는 히토미가 있었다. 간발의 차이로 모녀의 죽음을 막을 수 있었던 것이다.

이 사건 이후로 하나요는 유미코에게 병원 치료가 절실하다는 걸 깨달았다. 예전부터 유미코의 이상한 행동이 모종의 질환과 관련된 것은 아닌가 의심스러웠는데, 더 이상 방치하면 같은 일이 반복될 것 같았다. 본인은 거부하겠지만 억지로라도 병원에서 치료를 받게 해야 했다.

하나요는 남편과 의사의 도움으로 유미코를 강제로 입원시켰다. 유미코 입장에서는 속아서 정신병원에 갇힌 셈이었다.

정신병원에서 유미코는 억지로 환자복을 입어야 했고 약

물을 처방받았다. 병동 문은 잠겨 있어서 출입도 자유롭지 않았다. 기상 시간부터 식사 시간, 목욕 시간까지 일정이 상세하게 잡혀 있었고 환자의 요구가 받아들여질 여지는 거의 없었다. 같은 병동에는 괴성을 지르며 떠들거나 망상으로 벌벌 떠는 중증 환자들이 많았다.

며칠 뒤, 유미코는 친정에 전화를 걸어 도움을 청했다. 그녀는 엉엉 울면서 말했다.

"여기 너무 힘들어. 얌전히 있을 테니까 퇴원시켜 줘. 이제 자 안 할게. 말썽도 안 피울게. 약속해. 제발 부탁이야."

듣고 있던 하나요는 강제로 입원시킨 데 대한 죄책감을 느꼈다. 좀 지나친 처방이었던 것 같기도 했다. 가족끼리 모여 대책을 논의했다. 하나요는 말했다.

"유미코가 이렇게 싹싹 비는데 퇴원시켜 줄까? 정말 힘든 것 같아. 집에서 데리고 있으면서 외래로 진료를 받게 해도 괜찮을 거야."

다른 이들은 하나요의 설득에 못 이겨 마지못해 동의했다.

그러나 유미코가 한 수 위였다. 유미코는 병원을 나오자마자 폭언을 퍼부으며 온천에 있는 자신의 집으로 돌아가 버렸다. 퇴원을 위해 거짓말을 한 것이다.

게다가 민사소송을 통해 복수에 나섰다. 이번에는 자신을 속여서 병원에 강제로 입원시켰다는 이유로 부모를 고소했다.

하나요와 겐이치로는 유미코를 동정한 자신들의 어리석음을 후회할 수밖에 없었다.

이쿠코는 말한다.

자살 미수 사건과 소송 이후로 부모님은 유미코를 더더욱 경계하게 됐어요. 그 전까지는 힘들어하면 도와주고 싶다거나 가능하면 그래도 유미코가 히토미를 키우는 게 좋겠다는 생각이 있었어요. 하지만 자살 미수와 소송 사건 이후로는 유미코를 멀리하고 어떻게든 자신들과 히토미를 지켜야 한다는 쪽으로 생각이 바뀌었어요.

유미코를 경계하면 할수록 하나요는 '어머니'로서 히토미를 지키고 싶다는 생각이 커졌다. 언제부턴가 히토미는 하나요를 "엄마"라고 부르게 되었다.

하나요와 겐이치로 밑에서 히토미는 건강하게 자랐다. 하나요는 남부럽지 않게 애정을 쏟으며 운동회와 학예회에도 빠짐없이 참석했고, 빠듯한 살림에도 절약해 예쁜 옷을 사입혔다. 사정을 아는 이웃들 사이에서도 히토미에 대해서는 "밝고 착한 아이"라는 평판이 났던 것은 그런 덕이었다.

유미코는 퇴원 이후 한동안 연락을 끊고 살았지만, 언제부턴가 아무 일도 없었던 것처럼 다시 친정을 드나들게 되었다. 히토미는 이 무렵 유미코가 생모라는 사실은 알고 있었지만, 가끔 와서 선물을 주는 친척처럼 여겼고, 하나요와 구별해서 "유미코 엄마"라고 불렀다.

초등학교에 들어갈 때까지만 해도 히토미는 그럭저럭 유미코를 따랐지만, 그 후에는 그녀의 이상한 언행에 경계심을 갖게 되었다. 안 좋은 기억으로 남아 있는 것은 몇 번 유미코의 집에 놀러 갔을 때의 일 때문이었다. 유미코는 과자와 밥을 주었지만, 극도의 결벽증 때문에 밥은 물론 머리카락이나 실 한 올만 떨어뜨려도 불같이 화를 내면서 머리와 등을 때렸다.

그중에서도 특히 억지라고 느껴진 것은 방에서 유미코와 학교 숙제를 할 때였다. 잘못 쓴 글자를 지우개로 지우자 유미코가 "지우개 가루 날리지 마!"라고 소리를 지르며 때렸던 것이다.

초등학교 고학년이 될 무렵에는 유미코가 자살 미수를 거듭하고 있다는 사실도 알았다. 집에 전화를 걸어서 "죽어 버릴 거야"라고 소리를 지르고, 실제로 시도를 할 때도 있었다. 그때마다 하나요와 겐이치로가 휘둘리는 것을 보고 히토미는 유미코에 대해 이렇게 생각하게 되었다.

'이 사람은 보통 사람과는 다르구나.'

초등학교 5학년 무렵 히토미는 유미코가 집에 와도 얼굴을 비추지 않은 채 다른 방에 틀어박혀 있거나 볼일도 없는데

"제가 대신 매일 생각하기로 했어요"

외출을 하곤 했다. 가까이해서 좋을 게 없다는 생각이 들었던 것이다.

그러던 어느 날, 유미코가 집에 와서 히토미를 불렀다.

"있잖아, 나 재혼할 거야."

"그렇구나……."

"오노 하루키라고 알지? 그 사람이야."

유미코의 집안과 오노의 집안은 예전부터 알고 지내던 사이였다. 일전에 하나요가 일하던 청소 회사의 동료가 하루키의 어머니였다.

하루키는 오노 집안의 양자로 외아들이었다. 학창 시절부터 신문 배달 아르바이트를 하던 고학생으로, 다섯 살 연상인 유미코와도 친했다. 유미코가 온천에서 일하게 되면서 멀어졌지만, 우연히 주유소에서 다시 만나 어느덧 연인 관계로 발전했고 재혼을 결정하게 된 것이다.

유미코는 말했다.

"우리가 재혼하면 히토미도 같이 살자."

"응? 왜?"

"너도 하루키 딸이 되는 거야. 가족이니까 당연히 같이 살아야지."

호적상 히토미는 유미코의 딸이었다. 그래서 유미코가 재혼하면 오노의 아이가 되는 것이었다. 그러나 히토미는 왜 이제 와서 그러는지 격렬한 반감을 느꼈다.

"지금 이대로가 좋아. 난 엄마(하나요)랑 여기서 살 거야."

"왜? 오노 집안의 딸인데 떨어져 사는 건 이상하잖아."

"싫어. 난 어디에도 안 갈 거야. 여기서 살 거야."

히토미의 의지는 강했다. 보다 못한 하나요가 가족회의를 열었다. 히토미를 유미코와 하루키의 호적에서 빼내려면 다른 호적에 넣어야 했다. 그러나 하나요와 겐이치로의 양녀로 삼으면 유미코와 자매가 되어 버린다. 히토미에게 언니 같은 존재였던 이쿠코는 결혼한 뒤였다.

그 자리에 있던 큰딸 요코가 말했다.

"그럼 내 딸 할래?"

요코는 독신이었다. 그녀는 말했다.

"난 유미코가 이 남자 저 남자 갈아치우면서 자살한다는 거 보고 결혼할 생각이 사라졌어. 앞으로도 결혼 안 할 거고 아이도 필요 없어. 그러니까 내 호적에 넣어도 상관없어."

오래전부터 요코는 독신을 선언한 터였고, 하나요도 그것을 받아들이고 있었다. 그래서 요코의 제안을 기쁘게 받아들였다.

히토미가 물었다.

"그래도 돼?"

"당연하지. 내 호적에 넣을 테니까 이 집에서 계속 살면

"제가 대신 매일 생각하기로 했어요"

돼. 그러면 지금처럼 살 수 있어."

그렇게 히토미는 요코의 양녀가 되었다.

유미코도 결국은 그 사실을 받아들였고, 하루키의 집에서 신혼 생활을 시작했다. 하루키는 자동차 회사를 다니고 있어 경제적으로 안정돼 있었다. 유미코는 도우미 일을 그만두고 동네에서 파트타임으로 일했다.

1년도 되지 않아 둘 사이에 사나라는 딸이 태어났다. 오노 집안의 첫 손녀였기에 기쁨은 컸다. 성대한 축하연이 열렸고, 하나요와 겐이치로도 초대받았다.

그런 축하 분위기 속에서 히토미의 마음만은 싸늘했다. 왜 자신은 그렇게 쉽게 버려 놓고 이제 와서 여동생은 키우려 하는지 납득이 되지 않았다.

초등학교 6학년 말, 히토미에게 생활환경이 크게 바뀌는 사건이 일어난다. 어느 날 하나요가 갑자기 쓰러져 병원에 실려 간 것이다. 심장에 문제가 있다는 사실을 알았지만 이미 손 쓸 수 없는 상태였다. 하나요는 그대로 생을 마감했다.

장례식이 끝난 뒤, 히토미는 가슴에 큰 구멍이 뚫린 것 같은 상실감 때문에 아무 생각도 할 수 없었다. 하나요는 '어머니'였고, 무엇이든 이해해 주는 정신적 지주였다. 그런 존재를 갑자기 잃고 나니 어떻게 살아야 할지 막막했다.

중학교에 진학하고 나서도 히토미는 마음의 갈피를 잡지

못했다. 자신만 유미코에게 버림받았다는 외로움과 피가 섞이지 않은 할아버지에게 얹혀살고 있다는 미안함이 뒤섞여 자신이 쓸모없는 존재로 느껴졌다.

히토미는 학교를 빠지기 일쑤였고, 불량 청소년으로 불리는 애들과 어울리며 외로움을 달랬다. 대개 비슷한 처지의 또래들과 밤늦게까지 공원이나 편의점을 쏘다녔는데, 그녀는 당시를 이렇게 회상한다.

그때는 어딜 가도 외톨이라는 생각이 들었어요. 제게 할머니를 대신할 수 있는 사람은 없었으니까요. 집에도 학교에도 제 생각을 해주는 어른이 없는 것 같았어요. 그래서 약간 어긋난 애들과 함께 있으면서 안심하고 싶었던 거죠.

유미코는 그런 히토미의 마음을 헤아리지 못했다. 히토미는 자신의 호적을 거부하고 언니의 양녀가 된 '배신자'였다.

중학교 1학년 어느 날, 히토미는 유미코의 그런 매몰찬 생각을 직접 확인했다. 그 무렵 히토미는 몸이 좋지 않아 근처 병원에 입원해 있었는데, 마침 같은 병원에 유미코와 하루키의 딸인 사나도 입원 중이었다. 히토미는 여동생을 보고 애정이 생겨 치료 중에 틈틈이 병실을 찾았다.

병실에는 면회를 온 유미코가 있었다. 아직 한 살이었던

"제가 대신 매일 생각하기로 했어요"

사나를 돌볼 필요가 있었던 것이다. 히토미는 유미코를 만나면 사나를 곁에 두고 대화를 나눴다.

그날도 히토미는 사나의 병실에서 유미코와 잡담을 하고 있었다. 그때 간호사가 와서 의외라는 듯 말했다.

"어, 두 분 아는 사이셨어요?"

성이 달랐기 때문에 모녀라고는 생각하지 않았던 모양이다. 유미코는 웃으며 대답했다.

"네, 친척 애예요."

그 한마디가 히토미의 가슴을 찢어 놓았다. 왜 "딸"이라고 말하지 않을까? 딸로 생각하고 싶지 않은 걸까?

그 후로 히토미는 유미코에게 어떤 기대도 하지 않게 되었다.

한편, 유미코와 하루키는 신혼 때는 사이가 좋았지만 시간이 지날수록 험악해졌다. 원인은 가정 폭력이었다.

유미코도 격한 성정이었지만 하루키도 다혈질이어서 쉽게 폭력을 휘둘렀다. 둘은 별일도 아닌데 감정적이 되어 서로 욕을 퍼붓고 물건을 던졌다. 하루키는 화가 나면 감당이 안 되는 성격이었는데, 유미코가 불에 기름을 붓는 격이 되어 금세 폭력 사태가 벌어졌다. 때로는 유미코가 일어서지 못할 정도로 맞을 때도 있었다.

　얼마나 폭력이 심했는지 말해 주는 사건이 있다. 어느 날 이쿠코는 유미코가 병원에 실려 갔다는 말을 들었다. 병원 침대에는 유미코가 축 늘어져서 일어서지도 못했다.

　하루키의 말로는 부부 싸움을 하는데 유미코가 집요하게 달려들었다고 한다. 하루키가 제어하려고 해도 격하게 저항했기 때문에 때린 뒤에 침대에 눕히고 밧줄로 묶었는데, 지나치게 꽉 묶은 탓에 피가 통하지 않아 정신을 잃었다는 것이었다.

　어떤 경우든 폭력을 휘두르고 침대에 밧줄로 묶어 놓고 움직일 수 없게 한 것은 상식적으로 도가 지나친 일이다. 게다가 얼마나 오래 방치했길래 의식을 잃고 입원까지 했을지 생각해 보면 폭력의 정도가 심각했음이 분명했다.

　히토미도 하루키의 광기 어린 폭력성을 알고 있었다.

　몇 번 보지 못했지만, 하루키 씨는 평소에는 얌전하지만 화가 나면 무서운 사람인 것 같았어요. 게다가 술버릇이 나빠서 취하면 가정 폭력을 휘둘렀다고 해요. 그 사람(히토미는 유미코를 '그 사람'이라고 부른다)도 술을 잘 마셨고, 취하면 태도가 나빠졌으니 매일 밤 싸웠을 거예요. 어느 한쪽이 나쁘다기보다는 둘 다 엉망진창이었던 거죠.

"제가 대신 매일 생각하기로 했어요"

정신적으로 미숙한 부부는 서로를 괴롭힐 뿐만 아니라 어린 딸에게 위해를 가하기도 했다.

　이쿠코는 사나가 유미코와 하루키에게 폭행을 당해 상처를 입은 모습을 몇 번 목격했다. 밖에서 만났을 때, 사나의 이마에 파란 멍이 크게 나있거나, 뺨이나 턱에 찢어진 흉터가 있었던 것이다. 한쪽 눈꺼풀이 파란색으로 부어서 눈을 뜨지 못한 적도 있었다. 무슨 일이냐고 물어도 유미코는 놀다가 넘어졌다거나 벽에 부딪혔다고 둘러댔지만, 폭력에 의한 상처임이 분명했다.

　당시에 받은 충격을 이쿠코는 이렇게 회상한다.

부부가 학대를 했음이 분명합니다. 둘 다 욱하는 성미였으니 심하게 때렸을 거예요. 가슴이 아파서 볼 수가 없었어요.

　그 무렵 저는 결혼을 했는데, 아이가 없어서 남편과 상의해서 사나를 거둘까 하는 얘기도 했어요. 그래서 유미코에게 "사나를 우리 집에서 키울까"라고 말한 적도 있는데 언니는 거절했죠.

　그 뒤에 살인 사건이 일어나리라고는 생각도 못 했지만, 언젠가 큰일이 날 것 같은 예감은 있었어요. 그래도 일단 오노 씨의 본가에 살고 있으니 정말 위험한 일이 생기면 하루키 씨네 부모님이 말리든 경찰을 부르든 할 거라고 생각했죠.

가정 폭력이 끊이지 않았음에도 결혼 생활이 그나마 유지된 것은 시부모의 눈이 있기 때문이었다. 시부모가 도중에 싸움을 말리거나 병원에 데려갔던 것이다.

그러나 결혼한 지 3년 만에, 그런 가족 관계에 큰 변화가 생긴다. 유미코 가족이 하루키의 본가를 떠나 차로 한 시간 거리에 있는 하루키의 자동차 회사 사택으로 이사하게 된 것이다.

이사한 이유는 확실치 않다. 어쨌든 집을 나가기로 결정했을 때, 유미코는 임신한 상태였다.

사택은 개인 혹은 가족 단위로 많은 공장 직원들이 사는 큰 단지였다. 6층짜리 건물이 10여 동 늘어서 있었는데, 유미코 가족은 그중 한 동의 3층에 입주했다.

유미코, 하루키, 사나, 그리고 얼마 지나지 않아 태어난 아들 세이야, 이렇게 네 식구의 생활이 시작됐다. 유미코에게 사택 생활은 생각만큼 자유롭지 않았다. 사나는 점점 말을 듣지 않았고, 어린 세이야는 한밤중에도 계속 옆에 붙어서 돌봐야했다. 그간 육아를 모두 부모나 시부모에게 맡겼던 유미코에게는 엄청난 부담이었을 것이다.

유미코는 가사와 육아에 휘둘리면서 정신이 엉망이 되기 시작했다. 짜증을 주체하지 못해 아이들에게 폭력을 휘둘렀고, 밤에는 귀가한 하루키에게 화풀이를 했다. 하루키도 참지 않고 격렬하게 되받아쳤기 때문에 집 안에서는 고함소리와 그릇 깨지는 소리, 아이들이 울부짖는 소리가 끊이지 않았다.

이쿠코는 당시에 대해 이렇게 말한다.

유미코가 사택으로 이사했다는 이야기를 들은 것은 꽤 나중 일입니다. 저희 집에는 아무 얘기도 없다가 세이야가 태어나고 나서 알려 준 거예요. 그 말을 듣고 아차 싶었어요. 유미코가 누구의 도움도 받지 않고 아이를 키울 수 있을 리 없다고 생각했으니까요. 애들을 때리고 또 자살 소동을 벌이면서 민폐를 끼칠 게 뻔했죠. 그래서 이사하고 몇 달 후 그 얘기를 들었을 때는 걱정이 됐어요.

그래도 이사를 해버린 이상 저희가 할 수 있는 일은 없었습니다. 사택이니까 하루키 씨의 동료들이 도와주면 좋았을 테지만 현실은 달랐던 것 같아요.

소규모 사택이었다면 주민들 사이에 나름대로 교류도 있고 서로 돕기도 했을지 모른다. 그러나 이 사택에는 100세대 이상이 살고 있었고 교류가 그다지 많지 않았다.

그렇게 밀실이나 다름없는 단절된 가정에서 폭력은 걷잡을 수 없었다. 아이들은 이유 없는 폭력 앞에서 그저 우는 것밖

엔 할 수 없었다. 그러나 그 울음소리는 누구의 귀에도 닿지 않았고, 오히려 유미코의 분노를 더욱 자극해 더 큰 폭력으로 이어졌다. 그런 혼란 속에서 사건은 일어났다.

2000년 2월, 금요일이었다. 며칠 전부터 유미코는 정신이 매우 불안정해져서 죽고 싶다는 생각이 커진 것으로 보인다. 육아, 가사, 부부 관계 등 하나같이 해결할 수 없는 문제들뿐이었다.

이날은 공휴일이었는데, 하루키는 일이 있어서 아침에 평소처럼 출근을 했다. 거실에는 사나가 혼자 앉아 있었고, 다른 방에는 세이야가 자고 있었다. 유미코는 아이들에게 시달리는 지옥 같은 하루가 다시 시작된다고 생각하자 공포 때문에 몸이 떨릴 정도였다.

'죽어 버리자. 그럼 이 애들도 데려가야지.'

유미코의 자살 충동은 점점 더 커졌다. 급기야 방에 있던 남편의 넥타이를 손에 들고 부엌에서 손을 씻던 사나의 등 뒤로 다가갔다. 그러고는 등 뒤에서 목에 넥타이를 감고 있는 힘껏 졸랐다. 사나는 저항도 못 하고 바닥에 쓰러졌다.

그 뒤로 유미코는 사나의 시신 앞에서 한두 시간 동안 넋을 잃고 있었다. 침실에서 자고 있던 세이야를 어떻게 할지 망설였는지도 모른다. 그러나 결심이 서자 넥타이를 들고 침실에 들어가 세이야의 목을 졸랐다. 한 살 아기의 호흡은 순식간

"제가 대신 매일 생각하기로 했어요"

에 멈췄다.

　아이 둘을 죽인 직후에 유미코는 상당히 혼란스러웠던 모양이다. 그녀는 두 아이의 시신을 업고 주차장에 세운 차 뒷좌석으로 옮겼다. 그리고 시신을 태운 채 차를 몰았다. 어딘가 인적이 드문 곳에 가서 자신도 죽어 버릴 생각이었다. 그러나 이사한 지 얼마 되지 않은 터라 지리도 잘 몰랐고, 자살에 적합한 장소를 찾기도 쉽지 않았다. 한참을 헤매던 유미코는 여기가 어딘지, 어디로 가고 있는지, 혹은 자신이 뭘 하고 싶은지조차 모르게 되었다.

　세 시간 정도 동네를 빙빙 돌았지만, 유미코는 자살할 장소를 찾을 수 없었다. 결국 스스로의 목숨을 끊을 정도로 강한 의지는 없었던 것이다.

　오후 3시, 유미코는 차를 세우고 착란 상태에서, 근무 중이던 남편에게 전화를 걸었다. 그녀는 떨리는 목소리로 말했다.

　"애들을 죽여 버렸어. 나도 죽고 싶은데 어떻게 해야 할지 모르겠어."

　"뭐, 뭐라고?"

　"그러니까 사나랑 세이야를 죽였다고! 지금 차에 있어. 나도 죽고 싶은데 못 하겠어! 어떡해."

　믿을 수가 없었다.

　"일단 집으로 와. 나도 집에 갈 테니까 무슨 일이 있었는지 이야기하자. 앞으로의 일은 차차 얘기하자."

유미코가 집에 돌아온 것은 저녁 무렵이었다. 하루키는 유미코의 안내로 차 안에 눕혀진 아이 둘의 시신을 확인했다. 목에는 넥타이로 조른 흔적이 선명했다.

하루키는 머리를 싸매고 고심해 봤지만 당황한 나머지 어떻게 해야 할지 판단이 서지 않았다. 그는 일단 가족과 상의해 보려고 본가와 유미코 가족에게 연락해 사정을 전한 뒤 서둘러 집으로 와달라고 부탁했다. 무거운 현실을 누군가와 나누지 않으면 자신이 무너져 버릴 것 같았다.

연락을 받은 양가의 가족들이 도착한 것은 한 시간쯤 뒤였다. 현장에 갔던 이쿠코는 말한다.

그날은 동네 축제날이었어요. 마을 사람들 모두 아침부터 거기 가 있었고 저도 오전부터 있었어요. 오후에 잠깐 집에 들렀는데, 하루키 씨한테서 전화가 왔어요.

"유미코가 애들을 죽였습니다. 지금 집에 둘이 있는데 어쩌면 좋을지 모르겠어요. 지금 와주실 수 있나요?"

말이 안 나오더군요. 즉시 남편한테 얘기해서 차로 그 집에 갔어요. 연락을 받은 요코도 잠시 후에 왔어요. 거기서 모두 확인했죠.

"제가 대신 매일 생각하기로 했어요"

사택에 도착한 이쿠코 등은 하루키를 따라 차를 보러 갔다. 뒷좌석에는 사나와 세이야가 누워 있었다. 한눈에 봐도 죽었음이 분명했다. 설마 이런 일까지 저지르다니…….

방에 올라가자 유미코가 고개를 숙이고 울고 있었다. 이쿠코는 말했다.

"언니, 왜 그랬어!"

유미코는 흐느끼기만 할 뿐 대답이 없었다. 다른 사람이 물어도 마찬가지였다.

이쿠코는 안타까울 뿐이었다. 죽은 애들만 불쌍했다.

이대로 있을 수는 없었다. 그 자리에 있던 사람들끼리 상의해 하루키가 유미코 대신 경찰에 신고하기로 했다. 언제까지나 애들 시신을 차에 방치할 순 없었다.

하루키는 경찰에 이렇게 말했다.

아내가 애 둘을 죽인 모양입니다. 울기만 해서 이유는 모르겠습니다.

몇 분 뒤 도착한 경찰은 차 안의 시신을 확인하고, 유미코를 살인 혐의로 체포했다.

사건 발생 당시 유미코의 딸 히토미는 무엇을 하고 있었을까?

이 무렵 히토미는 중학교를 졸업하고 동네 미용실에서 일하고 있었다. 중학교 시절 히토미가 복잡한 가정환경 때문에 학교에 잘 가지 않고 불량 청소년들과 어울렸다는 사실은 이미 언급했다. 중학교 3학년 진로 상담에서 담임교사는 고등학교 진학을 권했지만, 성적도 나쁘고 출석 일수도 부족한데다가 가족에게 학비를 대달라고 하기가 부담스러웠던 히토미는 취업을 선택했다.

미용실을 선택한 이유는 이모 이쿠코가 "중졸로 일할 거면 기술을 배워"라면서 소개해 줬기 때문이다. 낮에는 가게에서 잡일을 했고, 밤에는 전문학교를 다니며 미용사 면허를 따기로 했다.

그러나 히토미는 일이나 공부에 별로 관심이 없었고, 전문학교에서도 수업을 빠지며 중학교 때 친구들과 놀러 다녔다. 이래서는 안 된다는 자각은 있었지만 행동이 따르지 않았다.

사건이 일어난 것은 취직하고 1년이 지날 무렵이었다. 이날 히토미는 이쿠코와 마찬가지로 미용실 선배들과 축제에 가있었다. 해가 지고 나서 집에 들어갔는데 아무도 없었다. 잠시 후 이쿠코에게 전화가 왔다.

"큰일 났어! 유미코가 사고를 쳤어!"

"사고?"

"유미코가 사나와 세이야를 죽였어!"

할 말을 잃었다. 1년 동안 유미코와는 소원했고, 한 달 전 친척 장례식에서 잠깐 얼굴을 본 게 전부였다. 사택으로 이사하고 세이야가 태어났다는 이야기를 들은 것도 이때였다.

전화로 이쿠코가 말했다.

"지금 사택에 유미코랑 있는데 울기만 하고 아무 말도 안해. 이제 하루키 씨가 경찰에 신고할 거야. 티브이나 신문에 뉴스로 날지도 모르니까 집에 가만히 있어."

사태가 심각하다는 사실은 알았지만, 충격이 너무 커서 받아들일 수가 없었다. 앞으로 어떤 일이 벌어질까? 자신의 미래는 어떻게 될까?

동요가 너무 심했던 탓에 히토미는 연락을 받고 난 뒤의 기억이 없다. 다음으로 기억하는 것은 사흘 뒤 열린 동생들의 장례식이다. 장례식장에 마련된 제단에 사나와 세이야의 작은 관이 놓여 있었고, 하얀 꽃이 꽂혀 있었다. 영전에 줄을 선 이들은 유미코의 가족, 하루키의 가족, 그리고 하루키의 직장 동료들이었다. 체포된 유미코는 보이지 않았다.

스님이 낮은 목소리로 염불을 외는 동안 히토미의 마음은 '왜 동생들을 구하지 못했을까?' 하는 후회뿐이었다. 유미코가 동생들을 어떻게 키울지 알고 있었다. 그런데 왜 그런 사실을 모른 척하고 유미코와 거리를 두었을까? 스스로를 용서할 수 없었다.

독경讀經이 끝난 뒤, 히토미는 관 속의 사나와 세이야의 시신을 보았다. 부검을 한 흔적과 목을 졸린 흔적이 생생하게 남아 있어서 보기가 괴로웠다. 장례업자도 흔적을 다 지울 수는 없었던 것이다. 귀여웠던 미소는 찾아볼 수 없었다.

하루키가 슬쩍 다가와서 속삭였다.

"여러 가지로 미안하다. 살인자 딸이라는 게 알려지면 안 좋으니까 유미코 딸이라는 얘기는 안 할게."

히토미는 그 말을 듣고 구역질이 났다. 회사 동료들에게 피가 섞이지 않은 딸이 있다는 사실을 들키고 싶지 않아서겠지. 그런 걸 걱정할 시간에 사나와 세이야를 잃은 걸 더 슬퍼하는 게 맞지 않나.

그 말이 목구멍까지 올라왔지만, 히토미는 말을 삼켰다. 여기서 화를 내봤자 사나와 세이야는 돌아오지 않는다. 그렇게 생각하고 그 후에 하루키와는 연락을 끊었다.

재판이 열린 것은 8개월 뒤였다. 히토미는 재판에 출석도, 방청도 하지 않았다. 이모들도 마찬가지였다. 사건에 대한 유미코의 변명을 듣고 싶지 않아서였다.

재판에서는 징역 8년형이 선고되었다.

히토미는 이모로부터 그 소식을 듣고 아이 둘의 생명을 빼앗은 벌로는 가볍다는 생각이 들었다.

재판이 끝난 뒤, 두 집안의 관계는 냉랭해졌다.

사건 직후 하루키는 유미코의 출소를 기다리겠다면서 아이들의 유골을 오노 집안 묘소에 묻었다. 그러나 유미코와 함께 살 미래를 그리지 못했는지 교도소에 이혼 서류를 보냈다. 그리고 다른 여성과 재혼해 아이를 낳았다.

유미코의 가족들도 서서히 사건에 대해 입을 다물게 되었다. 두 아이가 오노 집안의 묘소에 안장된 탓에 찾아갈 수도 없었고, 명절에 가족이 모여도 유미코 이야기는 꺼내지 않았다. 사건을 지난 일로 묻어 버리고 조금이라도 빨리 일상을 되찾고 싶었던 것이다.

그러나 사건 당시 갓 열여섯 살이었던 히토미만은 주변의 어른들처럼 마음을 딱 잘라 정리할 수 없었다. 히토미는 죽은 동생들을 언니이자 누나로서 지켜 주지 못했다는 죄책감에 시달렸다.

또 자신을 유미코의 친딸로 바라보는 주변의 불합리한 시선도 느끼고 있었다. 예전에는 친하게 지내던 사람들이 인사를 하지 않았고, 어떤 친구들은 연락을 끊기도 했다. 난데없이 "살인자의 딸과는 만나지 마"라는 말도 귀에 들어왔다. 근무하던 미용실의 상사는 이해해 주었지만, 손님이 어떻게 생각할지 모를 일이었다. 자신의 출생의 비밀을 알고 시비를 걸지는 않을까 애를 태우다 보니 손님의 말이나 눈초리에 과민해져

위가 아플 정도였다.

히토미는 이 무렵의 심경에 대해 이렇게 이야기한다.

사건이 있고 나서 친구 관계도 제 장래도 다 무너진 것 같았어요. 누구도 믿을 수 없고 어쩌면 좋을지 몰랐어요. 계속 이런 상황에서 살아야 한다는 사실에 절망했어요. 왜 나만 이런 삶을 살아야 하는지…….

그렇게 살다가 갑자기 제가 그 사람에 대해 아무것도 모른다는 생각이 들었어요. 중학교에 들어가고 거의 만나지 않았잖아요. 그 사람이 어떤 사람이고, 무엇 때문에 동생들을 죽여야 했는지 확실히 알 수가 없었던 거예요. 사건을 잘 이해하고 머릿속을 정리하기 위해 그 사람과 얘기를 해봐야겠다고 생각하게 됐어요.

그렇게 히토미는 교도소에 수감 중이던 유미코와 연락을 주고받게 되었다. 유미코에게 편지를 쓰고 매달 한두 번 면회도 갔다.

그녀는 유미코가 뉘우치는 모습을 보고 싶었다. 그랬다면 유미코와 가까워질 수도 있고, 죽은 동생들에 대한 면목도 설 것 같았다.

그러나 편지나 면회에서는 그런 기미를 찾을 수 없었다.

"제가 대신 매일 생각하기로 했어요"

유미코는 반성은커녕 사건을 거의 입에 담지도 않았다. 그저 교도소 생활에 대한 불평불만을 늘어놓으며 하루빨리 출소하기를 바라고 있었다.

교도소에서 둘은 100통 이상의 편지를 주고받았지만, 유미코가 쓴 내용은 대부분 다음과 같은 것들이었다.

- 교도소의 식사와 옷이 안 맞는다.
- 조상님 성묘에 못 가서 힘들다.
- 목욕 시간이 짧아서 불편하다.
- 빨리 교도소를 나가서 온천에 가고 싶다.
- 다른 교도소의 남자와 펜팔이 즐겁다.
- 딸(히토미)이 머리를 잘라 줄 날이 기대된다.
- 얘기가 하고 싶으니 빨리 면회를 와주기 바란다.

편지에는 정성스러운 글씨로 이런 내용이 담겨 있었다.

히토미는 편지를 볼 때마다 '어째서?'라는 의문이 들었다.

교도소에 간 이유는 용서받을 수 없는 죄를 지었기 때문이다. 그런데 어째서 그 죄를 반성하려 하지 않는 걸까?

히토미는 말한다.

그 사람이 사건에 대해 전혀 언급하지 않는 게 이해가 안

갔어요. 사건을 잊고 싶은 태도였고, 하는 말마다 "빨리 교도소를 나가고 싶다"라거나 "다시 친하게 지내자"라는 말뿐이었어요. "비에도 지지 않고, 바람에도 지지 않고"■라는 시를 읊은 적도 있어요.

저는 이해가 안 가서 거듭 편지를 보내거나 면회를 갔어요. 그래도 그 사람은 대답이 없었죠. 제가 참을 수 없어서 물어봐도 무시하거나 딴청을 피웠어요. 가끔은 "흥, 여기서 그런 말 하지 마!"라고 화를 내기도 했어요. 면회에서도 편지로도 그런 무의미한 대화만 계속할 뿐이었어요.

유미코가 사건을 반성하는 태도를 보이지 않았기 때문에 히토미는 그런 모습을 필사적으로 찾아 헤맨 것이다.

그 뒤로도 유미코는 자기 잘못에 대해서는 이야기하지 않았다. 히토미는 그런 어머니가 의도적으로 언급을 피하고 있다기보다는 정말로 잊어버린 게 아닐까 싶기도 했다.

그 이유 중 하나는 수감 중이던 2004년, 도치기현에서 유아 살인 사건이 벌어졌을 때였다. 이 사건은 아버지가 두 아들(사건 당시 세 살과 네 살)을 키우기가 어려워 지인 집에서 함께

■ 시인 미야자와 겐지의 유명한 시구로 역경에도 굴하지 않고 타인을 위한 삶을 살겠다는 내용이다.

"제가 대신 매일 생각하기로 했어요"

살다가 지인 남성이 아이들을 주체하지 못한 나머지 학대 끝에 다리 위에서 떨어뜨려 죽인 참혹한 사건이었다.

유미코는 교도소에서 히토미에게 보낸 편지에서 이 사건에 대해 적었다. 아마도 티브이 뉴스나 신문을 통해 알았을 것이다. 편지에는 사건에 대해 한탄하면서 가슴이 아프다, 명복을 빌 뿐이다, 라고 적혀 있었다. 그리고 한창 귀엽고 아무 잘못도 없는 어린아이들에게 폭력을 휘두른 남성에 대한 분노까지 늘어놓고 있었다.

히토미는 편지를 읽고 무슨 생각인지 알 수 없어서 한숨이 나왔다. 유미코 자신이 아무 잘못도 없는 애들을 죽이고 주변에 엄청난 폐를 끼친 장본인 아닌가. 그럼에도 불구하고 그 일은 차치한 채, 다른 사건의 범인을 비판하고 희생된 아이의 죽음을 슬퍼할 수 있는 건 어째서인가? 아무리 편지를 읽어 봐도 히토미는 이해가 되지 않았다.

사건으로부터 2년이 지났다. 열여덟 살이 된 히토미는 한 남성을 만난다. 나중에 남편이 되는 다이스케다.

이 무렵 히토미는 미용실 수입만으로는 생활이 불가능해서 지인이 소개한 술집에서 밤마다 아르바이트를 하고 있었다. 그 가게를 찾은 손님이 당시 29세였던 다이스케였다. 그는 가게 주인 아들의 친구로 단골이었다.

히토미는 이내 다이스케와 친해졌다. 밝은 성격이라 대화도 즐거웠고, 열한 살 연상이라 듬직해 보이기도 했다. 주인 아들이 바비큐 파티를 연 적이 있었는데, 거기서 사적으로 친분을 쌓게 되었다.

이윽고 두 사람은 일대일로 만나며 교제를 시작했다. 처음 몇 달 동안 히토미는 사건에 대해 입을 다물고 있었지만, 사이가 깊어질수록 감추고 있는 게 영 불편했다. 미래를 생각하면 일찌감치 털어놓을 필요가 있다. 만약에 차인다 해도 어쩔 수 없다. 이렇게 생각한 히토미는 어느 날 다이스케를 불러서 말했다.

"할 말이 있어. 놀랄 텐데 미안해. 사실 우리 엄마는 지금 감옥에 있어. 내가 초등학교 5학년 때 재혼해서 동생들을 낳았는데, 그 둘을 죽였어. 징역 8년을 받았어. 이 얘기를 듣고 내가 싫어져도 어쩔 수 없다고 생각해. 다이스케와 진지하게 사귀고 싶어서 이야기하는 거야……."

다이스케는 잠시 침묵했다가 대답했다.

"난 상관없어. 히토미가 저지른 일도 아니잖아. 그럼 히토미 잘못이 아니야. 우리 부모님도 그렇게 생각하실 거야."

히토미는 울고 싶을 정도로 기뻤다. 색안경을 끼지 않고 자신을 있는 그대로 봐주는 사람이 있구나 싶었다.

"제가 대신 매일 생각하기로 했어요"

그 뒤로 히토미가 교도소에 면회를 갈 때면 다이스케가 차로 데려다주었다. 전철, 택시를 타면 가는 데만 2시간이 넘게 걸리고 교통비도 만만치 않은 길이었다.

히토미는 귀중한 데이트 시간을 이런 일에 쓴다는 게 미안해서 어쩔 줄 몰랐다. 그러나 유미코는 그런 히토미의 마음은 아랑곳없이 면회 때마다 교도소 생활의 불만을 늘어놓거나 출소하고 난 뒤에 하고 싶은 일들을 이야기했다.

게다가 히토미에게 생활용품과 현금을 넣어 달라고 부탁하기 시작했다. 안경을 새로 하고 싶다, 로션을 사고 싶다, 배급된 것 말고 사복을 입고 싶다, 달콤한 과자가 먹고 싶다, 라며 히토미의 친절한 마음을 파고든 것이다.

처음에 히토미는 내키지 않았지만, 꼭 필요하다는 말 때문에 응했다. 교도소에서 어떤 물건이 무상으로 배급되는지 몰랐기 때문일 것이다.

그러나 유미코는 점점 미안한 기색도 없이 편지를 쓸 때나 면회 때마다 부탁을 했다. 때로는 당연하다는 듯이 목록을 만들어 이것저것 구입을 부탁했다. 히토미의 주머니 사정은 안중에도 없었다.

히토미가 의아하게 생각하기 시작했을 때는 이미 늦은 뒤였다. 유미코는 딸이 물건을 사주는 게 당연하다고 생각하게 되었다.

히토미는 당시 상황을 이렇게 회상한다.

매달 그 사람 때문에 돈을 상당히 많이 썼어요. 당시 미용실과 술집 수입이라고 해봐야 10만 엔 남짓이었어요. 근데 매달 한두 번씩 30킬로미터 이상 떨어진 교도소까지 면회를 가서 일용품을 구입하고, 5000엔 내지 1만 엔씩 영치금까지 넣어야 했어요.

　그래서 매달 돈이 궁했어요. 지금 생각하면, 제가 돈을 계속 쓴 이유는 그 사람이 편지나 면회를 거부하지 않을까 두려워서였던 것 같아요. 미움 받고 싶지 않았어요. 사건에 대해서 반성의 말도 못 들었는데 관계를 끝내고 싶지 않았던 거죠. 그런 생각 때문에 요구를 들어줄 수밖에 없었던 거예요.

　히토미에게 그 사건은 너무나 큰 충격이어서 벗어날 수 없었던 것이다.

　연인인 다이스케는 그런 히토미의 마음을 부정하지 않고 응원했다. 유미코의 언행에 위화감을 느끼기는 했지만, 히토미에게는 본인만 아는 사정이 있을 테니 타인인 자신이 개입해서는 안 된다고 생각한 것이다. 히토미에게는 다이스케만이 유일한 버팀목이었다.

"제가 대신 매일 생각하기로 했어요"

히토미가 다이스케와 결혼한 것은 사귀기 시작한 지 1년이 지난 열아홉 살 때였다. 가족에 대한 동경을 가지고 있던 그녀에게는 결코 빠른 결혼이 아니었다. 유미코만은 "너무 빨라. 좀 더 자유를 누려"라며 반대했다. 그것은 딸을 생각해서가 아니라 그녀가 가정에 신경을 쓰면 자신에게 소홀히 하지 않을까 하는 걱정 때문이었다.

이듬해 둘 사이에 첫째 신스케가 태어났다. 결혼에는 반대했던 유미코는 그 이야기를 듣고 갑자기 '할머니' 노릇을 하면서 손자를 귀여워하기 시작했다. 교도소에 데려와 달라고 부탁하고, 면회실에서 아크릴 창 너머로 눈을 가늘게 떴다. 보내 준 사진을 곁에 두고 매일 보면서 편지에는 매번 손자에 대한 사랑을 적었다.

히토미는 그런 유미코의 반응이 당황스러웠고 아들이 귀엽다는 말에도 반감을 느꼈다. 자신을 버리고 동생들을 죽인 사람이 손자를 정말 사랑하는 게 맞을까?

몇 년이나 교도소에 면회를 가고 편지를 주고받았지만, 그 사람의 마음은 전혀 알 수가 없었어요. 어떻게 영치금을 부탁할 수 있는지, 어떻게 손자를 귀엽다고 할 수가 있는지, 어째서 출소를 하고 싶어 하는지, 그 사람의 말을 들으면 들을수록 이해가 안 됐어요. 교도소에 들어갈 때부터 나올 때까지 계속 그런 식이었죠.

그리고 유미코는 드디어 출소를 하게 된다. 판결은 징역 8년이었지만 그보다 일찍 가석방이 되었다. 히토미로서는 유미코와 새로운 관계가 시작된 것이었다.

교도소를 나온 유미코는 친정으로 돌아가는 대신 갱생 시설에 들어갔다. 갱생 시설은 출소 뒤 갈 곳이 없는 사람을 단기간 살게 하면서 사회 복귀를 돕는 시설이다.

유미코는 출소 뒤에도 히토미에게 연락을 해왔다. 메일로 일상의 잡담을 나누기도 하고, 전화로 불평불만을 털어놓기도 했다. 히토미는 어린 아들을 키우며 유미코를 상대해 주었다.

얼마 후, 유미코로부터 갱생 시설을 나와 같은 현의 다른 시에 있는 방으로 이사했다는 연락이 왔다. 새 직장을 구해서 독립하게 됐다며 오랜만에 손자 신스케도 만나고 싶다고 했다. 히토미는 유미코가 좀 달라졌기를 기대하면서 밖에서 만나기로 했다.

약속 장소에 유미코는 이상하게 들떠서 나타났다. 손에는 큰 선물 보따리를 들고 있었다. 그녀는 손자를 보자마자 꽉 껴안으며 "귀엽다"라는 말을 신스케가 난처해 할 정도로 연발했다.

그러고는 밥을 사겠다며 둘을 비싼 고깃집으로 데려갔다. 매일 절약하며 사는 히토미는 엄두도 내지 못할 곳이었다. 유미코는 아직 고기 맛도 모르는 신스케를 위해 비싼 고기를 주문했고, 자신도 거리낌 없이 술을 마셨다. 히토미는 그런 어머니의 언행이 기껍지 않았지만, 손자를 기쁘게 하고 싶을 뿐이라 생각하고 아무 말도 하지 않았다.

두 번째도, 세 번째도 유미코는 선물을 들고 나타나서 히토미와 신스케에게 밥을 샀다. 히토미는 씀씀이가 헤픈 유미코가 의심스러웠다. 아무리 혼자 산다지만 그렇게 경제적 여유가 있을까? 그렇게 수입이 많으면 그동안 넣은 영치금이라도 조금 갚아 주는 게 낫지 않을까?

히토미는 감정을 억누르면서 말했다.

"엄마, 매번 고마워. 근데 돈 많은가 보네. 지금 무슨 일 해?"

"성매매 업소에서 일해."

유미코는 아무렇지도 않게 말했다.

"성매매 업소?"

"내가 하는 게 아니라 운전사야. 업소에서 모텔이나 집으로 여자들 데려다주는 일."

게다가 유미코는 업소 주인과 연애를 시작했고 아파트에서 동거 중이라고 했다. 선물과 밥값은 그렇게 번 돈이었다.

히토미는 할 말을 잃었다. 출소하자마자 성매매 업소에서 일하면서 주인과 동거를 하다니……. 그 뒤로도 유미코는 기분이 내키면 연락을 해서는 신스케를 만나게 해달라고 했다. 히토미는 내키지 않았지만, 신스케가 매번 선물을 주는 유미코를 "친절한 할머니"라고 부르며 따랐기 때문에 거절할 수도 없었다.

여러 번 만나면서 히토미가 특히 신경이 쓰인 점은 만날 때마다 옷차림과 소지품이 화려해진다는 것이었다. 십 대 소녀나 입을 만한 디자인의 옷들을 입고, 목과 손가락에는 이래도 될까 싶을 정도로 액세서리를 걸치고 있었다. 가방과 지갑도 명품이었고, 화장도 눈에 띄게 화려했다. 쌍꺼풀 수술을 하고 눈썹도 붙였다.

히토미는 당시를 이렇게 회상한다.

그 사람도 마흔이 넘어서 그런 패션은 보기 안 좋았어요. 만날 때마다 심해졌죠. 아마 업소 여자애들 흉내를 내거나 동거하는 남자 취향에 맞춘 것 같아요. 오랫동안 교도소에 있었던 데 대한 반발일까 싶기도 하고요.

제가 옆에서 봤을 때 그 사람은 제2의 인생을 즐기고 싶어 하는 것 같았어요. 예쁘게 차려입고, 연애도 하고, 맛있는 것도 먹고, 손자를 귀여워하는 그런 삶이요.

저는 그런 모습이 당혹스러웠고 판단이 안 섰어요. 그

런 사건을 일으키고 그렇게 산다는 게 인간으로서 있을 수 없는 일이잖아요. 뭐랄까, 그 사람의 생각을 알 수가 없었어요.

유미코는 사생활에서 연애에 몰두하면서 다시 예전과 같은 소동을 일으키기 시작했다. 연인과의 관계가 좋지 않으면 반쯤 정신이 나간 목소리로 히토미나 이쿠코에게 연락을 해왔다.

"그이가 집에 안 와! 바람피우나 봐. 용서 못 해! 죽여 버릴 거야. 나도 죽을 거야."

출소 전과 다를 바 없는 모습이었다.

히토미는 절망했다. 형기를 마친 뒤에도 변한 게 없었다. 그렇게 생각하자 형을 마치고 죗값을 치렀다고 생각했던 유미코의 손이 아직 피로 물들어 있는 것 같아서 식사를 하는 모습만 봐도 끔찍했다.

고민 끝에 유미코와 사건에 대해 제대로 이야기해 봐야겠다고 결심했다. 내키지 않는 관계를 이어 가본들 아들과 남편에게도 좋지 않을 것 같았다.

히토미는 유미코에게 단도직입적으로 물었다.

"지금까지는 말 못했는데, 똑바로 대답해 줬으면 하는 게 있어. 왜 그런 사건을 일으킨 거야? 뭐가 원인이었어? 사나와 세이야한테 사과할 생각은 있어? 우리 가족에게 상처를 준 건 어떻게 생각해? 전부 다 확실하게 설명해 주면 좋겠어."

유미코는 얼굴이 굳어져서는 이렇게 말했다.

"그런 게 다 무슨 상관이야?"

"상관있으니까 묻잖아."

"몰라."

또 얼버무릴 생각이었다. 여기서 물러설 수는 없었다.

"얼버무리지 말고 대답해. 엄마는 미안하다는 생각이 있기는 해?"

유미코는 완강히 사건에 대해 이야기하지 않으면서 이렇게 말했다.

"그만해! 나한테는 다 끝난 일이야."

"끝났다니 뭐가?"

"난 교도소에 가서 고생했다고. 벌은 다 받았어. 그러니까 지금 와서 그런 얘기 하지 마!"

"난 사건에 대해서 아무 얘기도 못 들었어."

"난 교도소에 갔다 왔어. 벌도 다 받았어. 그걸로 끝이야."

유미코는 그렇게 말하고는 떠나 버렸다. 멀어지는 뒷모습을 보고 히토미는 마음속에서 뭔가가 끊어진 듯했다.

그녀는 유미코에 대한 체념을 이렇게 말한다.

그 얘기를 듣고 그 사람은 구제불능이라고 느꼈어요. 인간

"제가 대신 매일 생각하기로 했어요"

이 아니잖아요. 자기가 한 일을 전혀 이해 못 하고 있어요.

적어도 저희 남편에게는 사과하기를 바랐어요. 남편은 그 사람이 일으킨 사건을 알고서도 저와 결혼해 줬어요. 면회든 영치금이든 뭐든 이해해 줬어요. 교도소에서 그 사람이 충치 치료를 받으면서 과자를 먹고, 편지를 쓸 수 있었던 건 남편 덕이죠. 그것도 모른 척하잖아요.

어릴 때 저는 그 사람이 이해가 안 돼서 곁에 있기가 두려웠어요. 아마도 그게 맞아요. 정상이 아니니까 그런 사건을 일으키고, 또 똑바로 살지 못하는 거예요. 근데 저는 그렇지 않다고 믿고 싶었던 거죠. 제가 틀렸다는 걸 인정할 수밖에 없었어요.

이쿠코 역시 비슷한 생각이었다. 이쿠코는 스무 살 때부터 10년 이상 같이 살았던 남편과 유미코 사건 때문에 이혼하게 되었다. 또 오랫동안 여동생으로서 본가와 친척들, 오노 집안 사이를 오가는 역할을 했다. 그러나 유미코는 이쿠코의 마음을 짓밟는 언행을 거듭했다.

이쿠코는 말한다.

유미코가 사건에 대해서 한 번도 사과하지 않은 건 사실이에요. 지금도 기억에 남는 건 교도소를 나오고 난 직후의 일이에요. 사건이 있고 나서 아버지는 오노 집안뿐 아니라 여기저기에 사과를 하러 다녔어요. 유미코와는 피도 섞이지 않았지만 호적상 아버지로서 사과했던 거예요.

출소한 유미코에게 그 얘기를 하면서 적어도 아버지에게는 사과하라고 했어요. 그러자 유미코는 화를 내면서 이렇게 말했어요.

"난 교도소에 갔다 왔으니까 (속죄는) 다 끝났어! 아버지한테 사과할 필요는 없다고!"

깜짝 놀랐어요. 염치도 없이 어떻게 그런 말을 당당하게 할 수가 있을까요? 몇 번을 얘기해도 유미코의 태도는 변하지 않았어요. 결국 미안하다는 말 한마디 없었죠.

이런 일도 있었어요. 유미코와 대화하다가 오노 집안 얘기가 나왔어요. 제가 "지금도 가끔 슈퍼에서 하루키 씨네 부모님을 만나면 (사건 때문에) 얼굴을 못 들겠어"라고 말했어요. 그러자 유미코는 무슨 소리냐는 표정으로 말했어요. "난 얼굴 들 수 있어. 형기도 다 마쳤잖아." 알고는 있었지만, 정말 제정신이 아니구나 싶었죠. 같은 인간이 아니랄까, 함께할 수 없다는 생각이 확신으로 바뀌었어요.

자매 사이도 결정적으로 틀어진 것이다.

"제가 대신 매일 생각하기로 했어요"

그 뒤로도 유미코는 태연하게 연락해 왔지만, 히토미는 이런 저런 핑계를 대며 만나지 않았다. 그녀가 완전히 연을 끊은 것은 사건으로부터 14년이 지난 2014년의 일이다.

그해, 아버지 겐이치로가 심근경색으로 쓰러졌다. 바로 병원으로 옮겨졌지만 용태가 좋지 않아 심장 수술을 받게 됐다.

의사는 말했다.

상당히 위험한 상태입니다. 수술에 성공해도 살아날지 장담할 수 없으니 주변 분들께 연락하는 게 좋겠습니다.

히토미와 이쿠코는 의사의 설명을 듣고 임종이 머지않았음을 느꼈다. 가까운 친족들에게 연락을 나눠서 하기로 했다. 문제는 유미코였다. 교도소에서 나온 이후로 유미코는 겐이치로에게 사과를 거부한 탓에 소원해졌지만, 지금이 아니면 영원히 만날 수 없게 된다. 인정을 베푸는 마음으로 그들은 연락을 하기로 했다.

이쿠코가 전화를 걸자마자 유미코가 받았다.

"지금 병원이야. 아빠가 심장이 안 좋아서 쓰러졌는데, 상당히 위독한 상태야. 지금 바로 와."

"난 아버지가 오라고 하지 않는 한 안 가."

"아빠는 병으로 쓰러졌다고. 전화 같은 건 못 해."

"아버지 본인이 와달라 하면 갈게. 그렇지 않으면 안 가."

"무슨 소리야. 그럴 수 있는 상태가 아니라고. 죽느냐 사느냐의 기로에 있단 말야."

"몰라. 아무튼 아버지가 직접 얘기 안 하면 안 가."

그렇게 말하고 유미코는 전화를 끊었다. 얼마 뒤에 겐이치로는 세상을 떠났다.

며칠 뒤, 겐이치로의 장례식이 있었다. 이때도 가족들 사이에서는 유미코를 부를지 말지 논쟁이 있었다. 병원에서의 일도 있고 다른 사람들 눈도 있으니 부르지 말자는 의견도 있었지만, 결국은 연락을 했다.

장례식 날, 가족은 유미코의 자리를 마련해 두었지만, 아무리 기다려도 나타나지 않았다. 전화도 받지 않았다.

장례식이 끝난 뒤, 이쿠코는 나지막이 말했다.

"이제 안 되겠어. 걔는 자기밖에 몰라. 어쩔 수 없어."

히토미도 그렇게 생각했다. 장례식에는 남편 다이스케와 다른 친척들도 왔는데, 딸인 유미코는 불참한다는 연락조차 없었다.

믿을 수 없는 일은 며칠 뒤에 일어났다. 장례식에 오지도 않은 유미코가 유산을 요구한 것이다. 집을 판 돈을 자매들끼리 삼등분하자는 것이었다. 그녀가 혼자서 그런 생각을 했을 리 없었다. 아마도 애인이나 누군가가 뒤에서 조종하고 있을

"제가 대신 매일 생각하기로 했어요"

것이다.

유미코에 대한 히토미의 감정이 완전히 끊긴 것은 이 순간이었다. 그때까지는 몇 번을 당해도 피가 섞인 유일한 부모라는 생각이 있었다. 그러나 아버지의 장례식에도 오지 않으면서 유산을 요구하는 사람에게는 어떤 기대도 할 수 없었다.

장례식이 끝나고 얼마 뒤 히토미는 다이스케에게 말했다.

"나 이제 그 사람한테 연락 안 할 거야."

"정말이야?"

"다시는 휘둘리고 싶지 않아. 앞으로 신스케를 위해서라도 그래야겠어."

"알았어. 그럼 그렇게 해."

미련은 털끝만큼도 없었다. 겨우 유미코를 버리고 혼자서 과거를 짊어질 각오가 선 것이다.

그 뒤로 히토미는 유미코와 완전히 연을 끊었고, 두 번 다시 만나지 않았다. 유미코도 딸의 심정을 이해했는지 연락해 오지 않았다. 겐이치로의 죽음을 계기로 가족의 사슬에서 떨어져 나간 것이다.

그러나 히토미가 사건을 잊은 것은 아니다. 동네 사람 중에는 사건을 기억하는 사람도 있었고, 아들인 신스케가 '살인

자의 가족'이라는 멍에를 지게 될지도 몰랐다.

히토미가 그런 불안을 갖게 된 이유는 사건으로부터 10년 이상이 흘렀는데도 편견에 시달린 경험이 있었기 때문이다. 히토미는 신스케가 초등학교에 다니기 시작한 뒤부터 요양 시설에서 일했다. 어느 날, 직장에 전화가 걸려 왔다. 익명의 목소리는 이렇게 말했다.

"거기서 일하는 직원 중에 히토미라는 애가 있죠? 걔는 살인자 딸이요. 엄마가 자식을 둘이나 죽였다고. 그런 애를 시설에서 일하게 하지 마시오. 무슨 짓을 할지 어떻게 압니까?"

아마도 시설의 입소자 가족 중 하나가 악의를 가지고 전화를 건 것 같았다.

시설 소장은 "자네 잘못도 아니니 신경 쓰지 마"라고 말해 주었지만, 히토미는 살인자의 딸이라는 사실에 직면한 기분이었다. 유미코와 인연을 끊고 다 끝났다고 생각했지만, 다른 사람들은 그렇게 생각하지 않는다. 죽을 때까지 사건과 함께 살아가야만 하는 것이다.

히토미는 그때까지의 일을 회고하며 이렇게 말했다.

사건이 있고 나서 15년 가까이 저는 그 사람을 만나러 가고, 편지를 쓰고, 연락을 주고받았습니다. 그동안 돈을 요구하거나 애인과의 문제에 휘말리기도 했어요. 계속 휘둘

"제가 대신 매일 생각하기로 했어요"

리기만 하고, 상처를 받은 기분이에요.

왜 더 일찍 연을 끊지 못했을까요? 그 사람의 인간성은 오래전부터 알고 있었고, 거리를 둘 이유가 수없이 많았는데 말예요. 근데 최근에 여러 생각을 하다가 이유를 알게 됐어요.

그 사람은 책임을 전혀 느끼지 않고 있었어요. 자식들을 죽였다는 사실을 잊고 가족에게도 "이제 상관없다" 말했죠. 죽은 애들이 너무 불쌍했어요.

저는 그 사람의 그런 생각을 받아들일 수 없었던 것 같아요. 저 자신도 괴로웠고, 그 사람의 생각을 이해할 수 없었어요. 그래서 그 사람이 속죄하는 모습을 찾으려 했어요.

그렇게 15년 정도를 찾았는데 결국 부질없는 짓이었죠. 할아버지의 죽음 이후로 확실히 알게 됐어요. 실낱같은 기대도 버렸어요. 그제야 관계를 끊을 각오가 생긴 거죠.

히토미는 죽은 동생들이 불쌍해서 어쩔 줄을 몰랐다. 동생들을 위해서도 유미코가 다른 삶을 살기를 바랐다. 히토미는 동생들의 언니이자 누나로서 15년간 유미코가 그래 주기를 바랐지만, 결국 이뤄질 수 없다는 사실을 깨닫게 된 것이다.

지금 히토미는 사건에 대해 어떻게 생각하고 있을까?

그 사람과 연을 끊고 한결 편해졌어요. 오히려 사건을 다시 생각해 보게 되었어요. 어차피 그 사람은 동생들을 떠올리지도 않을 테니까요. 그래서 제가 대신 매일 생각하기로 했어요. 사건 이후에 피하고 있던 살해 현장인 사택에도 가봤어요. 제가 그 애들을 기억하면 넋이라도 달랠 수 있지 않을까 해서요.

예전에는 육아가 잘 안 되면 그 사람의 딸이라서 그런 게 아닐까 싶었는데, 지금은 그런 생각 안 해요. 저와 그 사람은 전혀 상관없는 사람이니까요. 핏줄 따위 상관없어요. 그저 반면교사로 삼고 살면 된다고 생각해요. 절대로 그렇게 살지는 않을 거라고.

아들한테는 사건에 대해서 얘기한 적 없어요. 앞으로도 얘기 안 할 거예요. 그 아이와는 상관없는 일이고, 괜히 짐을 지우고 싶지 않아요. 사건과는 전혀 무관하게 살면 좋겠어요. 물론 어릴 적에 만난 기억이 있으니 그 사람 생각이 날지도 모르죠. 그래도 그 사람과 만나지 않고 살게 하는 게 부모로서 제가 할 수 있는 일이라고 생각해요.

유미코가 어떻게 되었는지는 장례식 이후 연락을 주고받은 이가 아무도 없기 때문에 알 수 없다.

사건으로부터 20년이 지나 신스케가 중학교를 졸업한 지금, 사건이 화제가 될 일은 거의 없을 것이고, 기억하는 사람도 드물 것이다. 그러나 히토미 자신은 사건을 생각하지 않는 날이 거의 없다. 그것이 가족 살인 사건의 피해자 가족인 동시에 가해자 가족이기도 한 자의 숙명인 것이다. 그렇기 때문에 히토미는 자신의 상처를 아들에게 물려주지 않는 것이 자신의 역할이라 생각하고 앞으로의 인생을 살아갈 작정이다.

나
가
며

가족 살인,
가까이 있었기 때문에

일곱 가지 사건에 대한 집필을 마쳤으니 이제 이 책을 쓰게 된 배경에 대해 이야기해야겠다. 일본에서 벌어지고 있는 살인 사건(인지 건수)은 연간 900건에 달한다. 단순하게 계산해 봐도 하루에 두세 건의 살인 사건이 발생하고 있는 셈이다.

언론이 떠들썩하게 다루는 것은 무차별 살인, 소년범죄, 극장형 범죄[■] 같은 과격한 사건들이다. 해마다 몇 번씩은 사회를 들썩이게 하는 큰 사건이 벌어지고 그것이 발단이 되어 법률이나 조례 개정 논의가 들끓는 일도 드물지 않다.

예를 들어 1997년에 벌어진 '고베 아동 연쇄살인 사건'[■■]은 형사처벌 가능 연령을 16세 이상에서 14세 이상으로 낮추는 법 개정으로 이어졌고, 최근에는 2018년에 있었던 '메구로구 아동 학대 사망 사건'[■■■]으로 인해 도쿄도의 아동 학대 방지

[■] 범인이 티브이나 인터넷 등을 활용해 스스로의 범죄를 상세히 선전하거나 실시간 중계하는 범죄.

[■■] 1997년 고베시의 중학교 3학년이 초등학생 둘을 살해하고, 또 다른 둘에게 상해를 입힌 사건. 엽기적 범죄 행각과 함께 언론에 성명문을 발표하는 등의 행동으로 사회적으로 큰 충격을 주었고, 이를 계기로 소년범죄에 대한 관심이 높아졌다.

조례에 보호자에 의한 체벌 금지가 추가되었다. 그때그때 일어나는 살인 사건이 사회질서가 나아가는 방향을 결정짓고 있다 해도 과언이 아니다.

아마 대부분의 사람들이 살인 사건이라는 말을 듣고 떠올리는 것은 이런 흉악 사건이 아닐까 싶다. 다음 사건들에 대해 이야기하면 기억하는 사람도 많을 것이다.

아키하바라의 보행자 전용 도로에서 25세 남성이 2톤 트럭으로 사람들을 친 뒤 그 자리에 있던 사람들을 칼로 찔러 사망자 7명, 부상자 10명이 발생한 **아키하바라 묻지 마 살인 사건**.

기지마 가나에라는 30대 여성이 40대부터 80대에 이르는 남성들에게 접근해 결혼 등을 미끼로 돈을 뜯어낸 뒤 살해한 **수도권 연쇄 의문사 사건**.

가와사키에 사는 17, 18세 소년 세 명이 중학교 1학년 소년

■■■ 2018년 메구로구에서 부모의 학대로 인해 다섯 살 여자 아이가 사망한 사건. 아동상담소가 학대 사실을 알고 있었음에도 사망을 막지 못했다는 사실이 문제가 되었다.

가족 살인, 가까이 있었기 때문에

을 다마가와 강변으로 불러내 커터칼로 찔러 죽인 **가와사키 중1 남학생 살인 사건**.

가나가와현 사가미하라시의 장애인 시설 쓰쿠이야마유리원에 26세 남성이 침입해 "장애인은 살 가치가 없다"라고 말하며 입소자 19명을 찔러 죽인 **사가미하라 장애인 시설 살상 사건**.

27세 남성이 SNS 등에서 자살하고 싶은 여성들을 찾아 자살을 돕겠다며 가나가와현 자마시의 아파트로 유인한 뒤 남녀 9명을 살해한 **자마시 9인 살인 사건**.

이 사건들은 발생 직후부터 언론이 연일 대대적으로 다루며 범인의 비정상적인 특성이나 사건의 처참함이 반복적으로 보도됐다. 내용이 끔찍할수록 세간의 관심이 증폭되고 논란을 불러일으키며 티브이 시청률과 잡지 매출은 치솟는다. 나 자신도 이런 유명한 사건들을 취재해 르포르타주로 출간한 적이 있다.

하지만 그러면서도 나는 언론이 열광하는 유명한 사건들이 일본에서 벌어지는 살인 사건의 현실과는 괴리가 있다는 생각이 늘 들었다. 살인 사건의 절반 이상이 친족 간에 벌어지는 일이고, 대부분은 자세한 내용이 보도되지 않는다. 그렇다면 이런 사건들에 주목해 그 배경을 생각해야 하지 않을까?

그래서 친족 간에 벌어지는 살인 사건을 '가족 살인'이라 명명하고, 2015년부터 햇수로 6년 동안 주로 수도권에서 벌어진 사건들을 샅샅이 추적해 보기로 했다. 그리고 취재 결과를 르포로 완성해 월간지 『EX 대중』(2016년 5월호~2020년 7월호)에 연재했다.

취재 방법은 각 사건의 재판 방청이 중심이 되었다. 사건 관계자의 증언은 피고인에 대한 질문과 증인신문에서 나온 발언에 기반했다. SNS와 문자 메시지 기록, 부검 결과, 사건의 경과 등은 공판에서 증거로 제출된 것들이다. 또한 재판에서 밝혀진 사실관계만으로 부족한 부분이나 근거가 필요한 부분은 관계자 인터뷰 등을 통해 독자적으로 취재를 진행했다.

마지막 일곱 번째 「사건 이후의 삶」만은 약 20년 전 사건인 탓에 재판 방청이 아니라 가족과 관계자에 대한 인터뷰를 중심으로 사건을 충실히 추적했다.

연재에서는 취재한 사건들 가운데 열두 건을 선택해 다뤘다. 이 책에는 그중 일곱 건을 게재했다. 선별 기준은 사건과 사회적 상황의 관계였다. 사회적 문제가 아닌 가해자의 정신 질환이 주된 이유인 경우나 배경이 된 사회적 문제가 겹치는 사건은 제외했다.

이제 이들 사건의 배경을 이루는 문제에 대해 각각 설명해 보려 한다.

■ 은둔형 외톨이 ■

일본에는 100만 명이 넘는 은둔형 외톨이가 있는 것으로 알려져 있다. 내각부의 조사에 따르면, 이 가운데 15~39세 청년층이 54만1000명, 40~64세 중장년층이 61만3000명으로 절반 이상이 중장년층이다.

집에 틀어박혀 은둔형 외톨이가 되는 이유는 발달장애, 따돌림이나 차별, 취업 실패나 직장에서의 좌절, 정신 질환 등 다양하다. 은둔형 외톨이 생활을 하다 보면 원래 있던 문제가 눈덩이처럼 불어나기도 한다.

부모의 경제적·시간적 여유, 그리고 상당한 인내 없이는 은둔형 외톨이 생활을 지탱할 수 없다. 그러나 그런 부모조차 나이가 들면 언젠가는 한계에 다다른다. 퇴직해 수입이 없어지거나 체력이 고갈되면 자식의 생활을 뒷받침할 수 없기 때문이다. 그 결과 벌어진 비극 중 하나가 바로 이 사건이다.

이 사건에서 안타까운 점은 가해자인 아버지가 피해자인 큰아들에게 깊은 애정을 쏟으며 25년에 걸쳐 자신을 돌보지 않고 헌신했다는 사실이다. 많은 부모가 포기해 버릴 만한 지경에 이르렀음에도 아버지는 이를 악물고 진심을 다했다.

그러나 결과적으로 그런 태도가 사건의 발단이 되었다. 아버지가 모든 책임을 짊어지고 다른 가족을 지키려다 잘못된 판단을 하고 말았다. 궁지에 몰린 나머지 아들을 죽이는 수밖에 없다고 결심한 것이다.

어떻게 했어야 한다고 쉽게 말할 수는 없다. 아버지의 뒷바라지가 없었다면 아들은 일찌감치 거리를 헤매며 다른 사람들에게 폐를 끼쳤을 수도 있고, 어머니가 가정 폭력을 견디다 못해 목숨을 끊었을 수도 있다. 아버지의 말대로 뼈를 깎는 노력이 의도치 않은 결과를 낳았을 뿐이다.

한 가지 희망이 있다면 남은 가족의 애정일 것이다. 재판에서 어머니와 딸은 자신들을 지키려 한 아버지를 안타까워하면서 출소할 날을 고대한다고 말했다. 재회한 가족들은 남은 시간을 어떻게 보내게 될까?

■ 돌봄 포기 ■

2019년 3월 말 현재 일본에서 간병이 필요하거나 그에 준하는 상태라는 판정을 받은 이들은 총 658만 명에 달하며 그중 대다 수는 고령자다.

일본은 세계적으로도 유례를 찾을 수 없을 정도의 저출생·고령화사회로 앞으로도 간병이 필요한 사람의 수는 늘어날 것으로 예상된다. 2030년에는 75세 이상이 일본 국민의 20퍼센트를 차지할 것으로 추측되는데, 이는 생산 가능 인구 세 명이 75세 이상 한 명의 생활을 책임져야 하는 셈이 된다.

고령자가 간병이 필요한 상태가 되면, 돌봄 노동은 주로 가족의 몫이 된다. 복지 제도나 민간 사업자를 잘 이용하는 가족도 있는 한편, 배우자나 자식, 손주들이 이를 분담하는 가족도 있다. 적절한 간병을 할 수 있느냐 여부는 가족의 능력에 달려 있는 것이다.

2장에서 다룬 사건의 경우 한집에서 모녀 셋이 같이 살았고, 자식들은 독신이었으며 어느 정도 시간적 여유도 있었다. 어머니도 이들에게 도움을 요청할 만한 상황이었다. 따라서 그런 면만 보면 간병 환경으로서는 비교적 양호한 편이었다고 할 수 있다.

그런 가정에서 이 같은 사건이 벌어진 배경에는 어머니와 첫째의 10년 이상에 걸친 불화가 큰 영향을 미쳤다. 첫째는 어머니에 대한 증오로 인해 간병을 일절 하지 않았고, 둘째가 모든 것을 떠맡게 되었다. 결국 혼자 어머니를 돌봐야 하는 둘째의 부담이 커진 것이다.

둘째가 혼자서는 간병이 어렵다고 판단한 시점에 제삼자에게 도움을 요청했다면 사건은 피할 수 있었을지 모른다. 그러나 둘째는 그렇게 하지 않고 첫째와 함께 어머니를 홍보다 스스로도 어머니에게 심한 말을 하게 되었다. 그러면서 적절한 간병을 포기하게 된 것이다.

얼핏 보기에는 지극히 평범한 가정에서 가족 관계가 악화되면서 벌어진 처참한 사건이다. 그래서 간병 스트레스의 문제뿐만 아니라 가족사에도 주목할 필요가 있다. 애초에 가족이 갖고 있던 갈등이 간병 문제와 만났을 때 당사자들조차 상상하지 못한 사태가 벌어질 수 있다. 자식들이 어머니를 죽일 만큼 증오가 깊었던 것은 아님에도 이런 사건을 벌였다는 점이 안타깝다.

▪ 빈곤과 동반 자살 ▪

빈부 격차는 현대 일본의 큰 사회문제다. 코로나19 사태로 인해 사회의 빈부 격차는 이전보다 더 확대됐다.

2020년 말 현재 코로나19로 인한 실업자는 8만 명이라고 한다. 그러나 여기에 아르바이트나 파트타임으로 일하는 이들은 포함돼 있지 않다. 코로나19로 타격을 입은 요식업이나 제

조업 등이 대부분 비정규직을 고용했다는 점을 감안하면 실제 실업자 수는 90만 명에 달한다는 추산도 있다.

이런 사정으로 인해 2020년의 자살자 수는 리먼 브라더스 사태 이후 11년 만에 증가세로 돌아서 2만 명을 넘어섰다. 예전에도 자살의 이유 중에서 '경제와 생계 문제'는 '건강'에 이어 두 번째로 큰 비중을 차지했는데, 불황 탓에 상황이 더욱 심각해진 것이다.

이 사건의 가해자 남성은 리먼 브라더스 사태로 인한 불황 속에서 빚을 지고 어머니와 동반 자살을 하려 했다. 그러나 그의 인생을 따라가 보면, 그 원인이 반드시 불황으로 인한 경제적 문제만은 아니었음을 알 수 있다.

대부분은 아마 다음과 같은 의문을 제기할 것이다.

왜 가해자는 생활이 파탄에 이르렀을 때 어머니를 복지 시설에 맡기거나 하지 않고 동반 자살을 선택했을까?

국가가 장애인으로 인정한 어머니라면 행정적 지원을 받으며 그럭저럭 노후를 보낼 수도 있었을 것이다.

이 가해자가 제대로 판단하지 못한 배경에는 어린 시절 겪은 방임과 가정 폭력이 있다. 이 때문에 매우 내성적인 성격이 되었고 어머니에게 심리적으로 지나치게 의지하게 되었다.

그래서 빚 때문에 생활이 어려워져도 어머니로부터 벗어나지 못하고 동반 자살을 선택한다.

결과적으로 어머니만 사망하고 자신만 살아남으리라고는 스스로도 예상하지 못했을 것이다. 재판 후에 가해자와 편지를 주고받은 바로는, 혼자서 살아갈 방법을 몰라서 앞으로 살길을 고민하는 중인 것 같았다. 그에게 진짜 시련은 어머니가 없는 세상을 어떻게 혼자서 살아갈 것인가의 문제일 것이다.

■ 가족의 정신 질환 ■

우울증 등의 정신 질환을 앓는 환자 수는 해마다 증가해 현재는 420만 명 이상에 달하는 것으로 알려져 있다. 2011년에는 약 320만 명이었으니 불과 10년 만에 100만 명이 증가한 셈이다.

사람은 마음이 병들면 논리적 판단력을 잃게 된다. 그중에는 감정을 제어하지 못하고 폭력을 휘두르거나 절망한 나머지 자살을 기도하는 경우가 있다. 문제는 병원에서 처방받은 약을 먹는다고 해서 눈에 띄게 나아진다는 보장이 없다는 점이다. 오히려 효과가 없거나 부작용으로 괴로워하는 사람도 있다.

이 사건에서는 부모와 둘째가 힘을 합해 우울증을 앓는

첫째를 어떻게든 돌보고 있었다. 그러나 세 사람은 언젠가 현재 생활이 파국에 이를 것임을 예감하고 그렇게 되지 않도록 병원의 힘을 빌려 첫째의 병을 치료하려 했다.

하지만 병원이 가족의 바람에 부응하기는 쉽지 않은 일이다. 사실 이런 질환은 완치는 물론이고 병원이 이런 환자를 수용하는 것 자체가 어렵기 때문이다. 주된 이유는 다음과 같다.

- 병원은 치료를 거부하는 환자의 자유를 일방적으로 박탈할 권한이 없다.
- 약물 치료로 정신 질환이 완치된다는 보장이 없다.
- 다른 환자나 직원의 입장에서 문제를 일으키는 환자는 부담이 된다.

정신병원은 직원들에게 스트레스가 큰 직장이고 적자인 곳도 많다. 약물 치료가 효과를 거둔다는 보장도 없다. 그래서 문제를 일으킬 가능성이 있는 환자의 장기 입원으로 직원이나 다른 환자의 스트레스를 증가시키는 일은 반기지 않는다.

가족들은 병원이 거부하면 집에서 환자를 돌볼 수밖에 없다. 이 사건의 가족들도 병원의 충분한 도움을 받지 못하고 결국 첫째와 함께 지내야 했다. 그런 상황에서 부모가 연이어 병으로 세상을 떠난 뒤 남은 둘째가 사건을 일으킨 것이다.

비슷한 가정은 전국에 수없이 많을 것이다. 하지만 병원의 수용 체계나 가족의 협력 정도가 각기 다른 탓에 이 문제에 대한 근본적인 해결책을 찾기는 쉽지 않다.

▪ 노노 간병 ▪

과거 고령자의 간병은 자녀 세대의 몫이었다. 그러나 핵가족이 지배적인 현대사회에서 고령의 배우자가 고령의 남편·아내를 간병하는 '노노 간병'은 피할 수 없는 일이 되었다.

노노 간병은 살인에 이르지 않더라도 많은 문제를 낳고 있다. 간병하던 사람이 건강을 해치는 경우도 있고, 스트레스 때문에 학대를 하게 되기도 하며, 정신적으로 궁지에 몰려 자살하는 경우도 있다.

이런 일들이 벌어지는 요인 중 하나는 이 사건에 등장한 돌봄 매니저가 지적하듯이, 간병하는 사람이 지나치게 헌신적이 되어 버리는 데 있다. 애정과 책임감 때문에 무리를 한 나머지 마음의 병이 되는 것이다. 지나치게 성실한 간병 때문에 비극이 일어난다는 건 가슴 아픈 일이다. 다른 간병 문제도 그렇지만, 특히 노노 간병은 당사자 둘이 모두 고령이기 때문에 한계가 일찍 닥친다.

현장에서는 이런 문제를 막기 위해서 '케어러(간병하는 사람) 지원'의 중요성이 강조되고 있다. 어떤 간병에서든, 간병받는 사람뿐 아니라 간병하는 가족에 대한 지원을 중시해야 한다. 지자체나 비영리단체가 중심이 되어 간병하는 사람에게 기분 전환의 기회를 제공하거나 전문 간병인 이용을 권유하는 등의 노력이 이루어지고 있는 지역도 있다.

간병이 필요한 인구가 늘어날수록 간병하는 사람에 대한 지원 역시 중요해질 것이다. 전국적으로 이런 대책을 얼마나 확대해 본격적으로 시행할 수 있을지가 관건이다.

▪ 아동 학대 ▪

2019년에 아동상담소가 대응한 학대 사건은 19만 건 이상이다. 이는 29년 연속 증가한 수치로 사망 사건에 이른 경우는 연간 60~90건 정도다. 그러나 학대로 인한 사망이 전부 밝혀지는 것은 아니기 때문에 일본소아과학회는 실제로 그 숫자가 3~5배에 달할 것으로 추산한다.

학대 사망 사건은 크게 두 가지 유형이 있다.

첫 번째는 부모가 상식적인 인식과 일반적인 육아 지식을 거의 갖추지 못한 경우다. 부모가 열악한 환경에서 나고 자란

탓에 과격한 폭력을 '훈육'으로 착각하고 있거나 아이는 방치해도 알아서 자란다고 여기는 것이다. 어린 시절에 자신들이 당한 일을 당연시하는 경우도 많다. 이런 잘못된 인식에 입각한 육아는 학대 사망 사건을 낳는다(이런 경우에 대해서는 필자의 『악마의 집: 자신의 아이를 죽이는 부모들』鬼畜の家: わが子を殺す親たち[가제, 후마니타스 근간] 참조).

두 번째가 이 사건처럼 부모에게 중증 정신 질환이 있는 경우다. 부모가 병으로 인해 제대로 된 사고를 하지 못하고 강박증에 사로잡히거나 피해망상을 조절하지 못해 분노를 터뜨리다 이성을 잃은 채 혼란스러운 상태에서 자식을 죽이는 것이다(실제로는 첫 번째 유형과 두 번째 유형이 복잡하게 얽혀 있는 경우가 많다).

어느 쪽이든 해결은 쉽지 않다. 전자의 경우, 부모가 스스로의 잘못을 깨닫지 못하기 때문에 행동을 고칠 수 없다. 후자의 경우, 앞서 지적한 것처럼 병원의 수용 능력에 한계가 있고 치료에 긴 시간이 필요하다. 결국 사건은 그 사이에서 벌어진다.

어쨌든 부모의 특성 때문에 학대가 벌어지고 있기에 부모에 대한 지원이 필요하다. 우리 사회에는 자식을 키울 수 없는 사람들이 존재한다는 전제 아래 '육아 지도' '일시적 위탁' '가정 방문' 등을 통해 부모를 지원하는 시스템을 만들 수밖에 없다.

아이가 자신이 태어날 가정을 선택할 수는 없다. 그것을 불운으로 치부하느냐, 사회적으로 지원하느냐는 우리가 답해야 할 문제다.

▪ 사건 이후의 삶 ▪

2018년 법무성 통계에 따르면, 일본에서 벌어진 가족 살인 사건은 한 해 480건(미수 포함)에 달한다.

이런 사건이 일어나면 많은 가족 구성원이 당사자가 된다. 부모, 자식, 배우자가 평균 다섯 명이라고 치면 연간 2000명에 이르며, 형제·조부모·손주까지 포함하면 1만 명이 넘을 것이다. 이를 10년, 20년 단위로 넓히면 그 수를 가늠하기도 어렵다.

어째서 살인 사건 중 절반이 넘는 가족 살인 사건은 잘 알려지지 않는 걸까? 이는 당사자가 된 가족들이 '가해자 가족'과 '피해자 가족'이라는 두 개의 십자가를 지고 누군가를 원망할 수도 한탄할 수도 없이 비극을 떠안은 채 살아갈 수밖에 없기 때문이다. 이들은 주변의 편견에 시달리기도 하고, 때로는 범죄를 저지른 가족에 대한 불신을 키우며, 때로는 사건을 막지 못한 자신의 과거를 후회하기도 한다.

가족 살인의 문제에 대해 사회가 나서야 할 일 중 하나는 의도치 않게 사건에 휘말린 가족에 대한 지원일 것이다.

이 사건에서 히토미는 이렇게 말한다.

사건 때문에 제가 겪은 고통이 아들한테까지 이어지게 두진 않을 거예요. 제 선에서 끝내고 싶습니다.

이는 많은 가족이 가슴속에 묻어야만 했던 비통한 절규가 아닐까?

이렇게 보면, 이 책에서 소개한 일곱 가지 사건은 일본이 안고 있는 사회문제를 비추는 거울이라 할 수 있다. 그런 의미에서 앞으로 이 사건들이 드러낸 문제들은 아마 지금보다 심각해질 것이다.

특히 2020년 발생한 코로나19의 확산은 미래의 문제를 5~10년 앞당겼다고 할 수 있다. 노동환경의 변화로 인한 재택근무 증가, 실업률 상승, 출생률 저하, 사회보장비용의 급격한 상승 등이 동시다발적으로 일어나면서 가족의 문제도 전보다 악화됐다.

예를 들어 가정에서 가족끼리 함께 있는 시간이 늘어나면서 열악한 환경이 더욱 악화되고, 가정 폭력과 아동 학대가 일어나기 쉬운 상황이 되었다. 피해자의 대부분을 차지하는 여성과 아동은 달리 도망칠 장소가 없을 경우 정신적으로 궁지에 몰릴 수밖에 없다. 2020년 여름 코로나19의 2차 유행 이후에 여성과 청년의 자살률이 급증한 원인 중 하나도 바로 여기에 있을 것이다.

또한 고령자 부모가 직장을 잃고 경제적 상황이 악화되면 은둔형 외톨이나 정신 질환이 있는 자식의 생활은 더욱 유지하기 어려워진다. 경제적 이유나 사회적 거리 두기 때문에 복지 서비스를 지원받기 어려워지면 간병하는 가족의 부담이 커지고, 학대나 동반 자살이 일어나기 쉬워진다.

우려되는 점은, 초고령 사회에서 이런 삶이 '뉴노멀'이라 불리는 새로운 생활 방식으로 정착하고 있다는 것이다. 지금은 가족 구성원이 개인적으로 감당해야 할 부담이 그 어느 때보다 더 커진 시대라 할 수 있다.

이런 문제에 대한 해결책은 있을까?

저마다 상황이 다르기 때문에 모든 문제에 적용할 마법 같은 해결책은 없다. 그러나 이 책의 일곱 가지 사건들을 통해 드러난 중요한 점이 두 가지 있다.

하나는 사건을 일으킨 당사자에게는 난처한 상황을 스스로 해결할 능력이 없었다는 점이다. 이 책에서 가해자가 사건을 일으킨 당일의 정신 상태를 돌이켜 보자. 대부분의 가해자가 우울증 등 마음의 병을 앓고 있었다.

그들은 이성을 잃은 채, 어떻게 하면 문제를 피할 수 있다거나 누군가와 상의하면 다른 길을 찾을 수 있다는 생각을 아예 할 수 없는 상태였다. 절망, 초조, 비탄, 고립, 후회, 자책 등의 감정이 뒤섞여 공황 상태에 빠진 나머지 도망칠 방법으로 '살인'이나 '동반 자살'을 선택하고 만 것이다.

이는 자살 사건들과 매우 흡사하다. 정신의학 연구에 따르면 자살자의 90퍼센트는 우울증 등의 질환으로 인해 객관적 사고를 할 수 없는 상태에서 죽을 수밖에 없다는 생각에 사로잡혀 목숨을 끊는다.

가족 살인 역시 비슷하다. 스스로를 죽이든, 타인을 죽이든, 혹은 타인과 함께 죽든 마음의 병에 시달리다 죽음을 선택한다는 점에서는 자살과 마찬가지다. 일단 죽음을 생각하게 되면, 스스로의 힘으로는 멈출 수 없는 것이다.

그렇기 때문에 사건 발생을 막기 위해서는 제삼자의 관여가 불가피하다. 당사자가 자제심을 잃었다면 제삼자가 다른 해결책을 제시하며 이끌어야 한다. 혹은 당사자가 그런 상황으로까지 내몰리기 전에 부담을 덜 만한 상황을 만들어 줘야 한다. 누구라도 혼자 힘만으로는 어쩔 수 없다.

두 번째는 사건이 일어날 때 대부분의 경우 간병이나 육아의 어려움 같은 주된 문제 이외에 그 가족만의 갈등이 있다는 점이다.

1장 「은둔형 외톨이」에서는 아버지와 조현병을 앓는 아들만 있었다면 어떻게든 살아갈 수 있었을 것이다. 그러나 어머니가 아들의 가정 폭력 때문에 마음의 병을 앓다 자살 충동까지 느끼게 되는 지경에 이르렀다. 그 때문에 아버지는 '아내가 자살을 생각할 정도라면' 아들을 죽이겠다고 결심한다.

2장 「돌봄 포기」에서는 세 가족이 함께 살고 있었지만 어머니와 첫째의 관계가 파탄에 이른 건 이미 10년도 더 된 일이었다. 거기에 간병 부담이 더해지면서 관계가 더욱 어긋나고 증오와 복수심 때문에 간병을 포기하게 된 것이다.

이렇게 보면, 단순히 간병 스트레스 때문에 사건이 일어나는 것이 아니라 다른 갈등이 얽히면서 가해자가 방치나 살인을 떠올리게 되었음을 알 수 있다. "간병하는 집에서 전부 살인 사건이 일어나는 것은 아니다"라거나 "모든 부모가 학대를 하는 것은 아니다"라고 말하는 사람들이 있다. 그러나 한 발 더 나아가서 그렇다면 어떤 갈등이 사건의 도화선이 됐는지 생각해 보는 게 중요하다.

물론 당사자가 안고 있는 갈등을 가늠하기는 쉽지 않다. 이 책에서 다룬 사건들이 그랬듯, 같이 사는 가족조차 모르는 경우가 대부분이다.

그러나 어렵다고 해서 포기한다면 당사자만 고립된다. 이 책에서 다룬 일곱 가지 문제는 가까운 미래, 아니 불과 몇 년 뒤에는 더욱 심각해져 어떤 가정에서도 일어나는 일이 될 수 있다. 더 나은 미래 사회를 만들기 위해서는 이제 우리 모두가 그런 문제를 직시하고 생각해야만 한다. 이 책에서 다룬 사건들이 그런 생각의 계기가 되기를 바란다.

마지막으로 사건 희생자들의 명복을 진심으로 빈다.

가족 살인, 가까이 있었기 때문에

비극, 그 뒤편

김현욱

이 책의 저자 이시이 고타는 현재 일본에서 가장 주목받는 논픽션 작가 중 한 사람이다. 2005년, 개발도상국의 걸인들을 다룬『구걸하는 붓다』로 데뷔한 뒤,『아이를 빌려드립니다』,『절대 빈곤』등의 작품을 통해 주로 세계 곳곳의 빈곤 문제를 다루었고, 2011년에는 동일본 대지진 당시의 시신 처리 문제를 다룬 작품『유해』를 써서 큰 반향을 불러일으켰다.

2010년대 이후에는 주로 일본 내의 빈곤과 범죄를 주제로 한 작품을 연이어 내놓았는데, 그중 2021년에 출간된 작품이 바로 이 책이다. 여기서 그는 가족이 가족을 죽인 일곱 건의 살인 사건을 다룬다.

본문을 읽은 독자들 중에는 흡인력 있는 문장과는 별개로 다뤄지는 사건들의 참혹함에 충격을 받은 분들이 적지 않을 것이다. 일본에서도 뛰어난 작품이지만 읽기가 괴로웠다는 감상이 많았다. 국내에『사형에 이르는 병』(현정수 옮김, 에이치, 2019)으로 알려진 소설가 구시키 리우는 트위터에서 이 책에 대해 이렇게 언급했다.

이렇게 괴로운 책은 오랜만이네요. 매년 논픽션을 수십 권은 읽지만 근래 보기 드문 괴로운 책입니다.

솔직히 고백하자면 번역을 한 나 역시 마찬가지였다. 부모, 자식, 배우자, 형제자매를 살해하기에 이르는 일곱 가지 사건들은 상상 이상으로 충격적이었고 끔찍했다. 쉽사리 이해하기 어려운 부분도 많았다.

그러나 동시에 스콧 피츠제럴드의 소설 『위대한 개츠비』(김욱동 옮김, 민음사, 2010)에 나오는 다음과 같은 구절을 떠올렸다.

> 누구든 남을 비판하고 싶을 때면 언제나 이 점을 명심하여라. 이 세상 사람이 다 너처럼 유리한 입장에 놓여 있지는 않다는 것을 말이다(15쪽).

어쩌면 내가 가족의 건강이나 경제적 상황에 큰 문제가 없는 화목한 가정에서 자란 것은 그저 운이 좋았기 때문일 수 있다.

그리하여 공감은 못 하더라도 이해하기 위해 노력하며 책을 번역하던 중 트위터에서 흥미로운 논쟁을 보았다. SF 작가이자 영화평론가인 '듀나'가 연쇄살인마로 대표되는 악인에 대한 감정이입을 경계하며 악인에 대한 서사에 거부감을 표하는 주장을 한 것이다.

그 주장에 완전히 동의할 수는 없지만, 듀나의 글을 읽고 보니 이 책을 번역하며 마음에 걸리는 부분도 있었다. 이 책에 나온 사건들은 주로 가해자가 법정에서 발언한 진술을 바탕으로 구성되어 있고, 이미 세상을 떠난 피해자의 이야기는 들을 수 없다는 점이다. 게다가 여느 살인 사건이라면 피해자의 억울함을 적극적으로 호소할 유족들이 오히려 가해자를 두둔하는 진술을 하는 경우도 있다.

물론 생전에 주고받은 문자 메시지나 제삼자에 대한 추가 취재 등을 통해 어느 정도 객관성은 담보할 수 있었지만, 아무 말도 할 수 없는 피해자와 스스로를 변호하는 가해자의 비대칭성은 피할 수 없다. 설사 가해자가 적극적으로 거짓말을 할 의도가 없더라도 법정에서 가해자가 하는 말에는 변명이 섞이기 마련이다.

예를 들어 2장에서 음식도 제대로 먹지 못하고 방치된 끝에 사망한 피해자는 딸에게 정말 그렇게 모진 말들을 했을까? 3장에서 아들이 동반 자살을 시도한 끝에 사망한 어머니는 정말 동반 자살에 동의한 것일까? 4장에서 동생과 딸을 죽이겠다며 난동을 부리던 피해자는 실제로 어느 정도까지 위협적이었을까? 경찰 기록이나 재판에서 나온 가해자의 진술을 의심하자면 끝이 없을 것이다. 그런 의미에서 악인 중심의 서사를 경계하는 '듀나'의 주장은 일리가 있다.

그러나 나는 그런 '듀나'에 대한 네티즌 'b'의 반론에 더 큰 공감을 느꼈다.

> 악은 시시하지도 않고 지루하지도 않고 끔찍하고 고통스럽습니다. 수많은 악행이 곪고 곪은 사회의 문제가 문제적인 개인을 만나 터져 나오는 것이니까. 악인의 매력이나 힘 때문이 아니라 우리가 무죄하지 않다는 게, 그 사람에게 압력을 가한 사회에 우리도 속해 있다는 게 끔찍하고 괴로운 거죠.▪

아마도 이 책을 읽는 독자들이 고통을 느낀다면, 바로 그런 이유가 아닐까 싶다. 요컨대 어떤 끔찍한 사건도 개인적 문제와 사회적 문제가 만나는 지점에서 발생한다. 이 책에 등장한 살인 사건의 '악'惡은 개인적 문제로 환원되기 마련이다. 그러나 살인 사건 자체는 특수하고 예외적인 현상이라 할지라도 그 배경에 있는 사회적 문제들을 간과해서는 안 된다.

2019년에 개봉한 토드 필립스 감독의 영화 <조커>는 코

▪ https://twitter.com/Beretta_774/status/148537046
4209752064

미디언을 꿈꾸던 '아서 플렉'이 끔찍한 살인마 '조커'가 되는 과정을 그린다. 이 영화에서 눈여겨볼 부분은 원래 정신 질환을 앓고 있던 아서가 정부의 복지 예산 삭감으로 지원을 받지 못하게 되면서 증상이 악화된 끝에 돌이킬 수 없는 선을 넘게 되는 대목이다.

이 책에서 다루는 사건들 역시 마찬가지다. 몇몇 사건들은 제도적 지원이 부실하거나 당사자들이 제도적 지원을 받을 생각을 하지 않았던 점이 참극을 만든 원인이었다. 물론 그것만으로는 막을 수 없는 사건도 있겠지만, 사건의 사회적 배경이 갖는 의미는 그만큼 중요하다.

저자가 이 책에서 다룬 사건들을 "일본의 사회적 문제를 비추는 거울"이라고 말한 이유가 바로 거기에 있다.

제도적 지원과 더불어 사람들의 관심도 필요하다. 예를 들어 5장은 뇌출혈로 쓰러진 남편을 헌신적으로 간병하다가 우울증에 걸려 살해한 노인의 이야기다. 여기서 쉽사리 이해하기 어려운 부분은 노부부의 아들 가족이 2층에 살고 있었음에도 이런 사건이 발생했다는 점이다. 아들은 노모가 남편의 간병으로 지쳤다는 사실도, 그 때문에 우울증을 앓고 자살 충동을 느끼고 있다는 사실도 알고 있었다. 그러나 노모의 간병을 수수방관하며 모른 체했다. 그러던 어느 날 견디다 못해 남편을 살해한 노모를 발견한 아들은 이렇게 묻는다.

"어쩌다 이렇게 됐어?"

이 부분을 번역하다가 나도 모르게 "몰라서 물어?"라는 말이 튀어나왔다.

그러나 나를 포함해 우리 사회의 거의 대부분이 그 아들과 같은 물음을 던지고 있는지도 모른다. 아동 학대, 노인 간병, 정신 질환, 빈곤 등의 문제에 대해 '남의 일'로 치부하며 모른 척하다가 마침내 가장 극단적 형태로 드러났을 때, 비로소 우리는 뉴스를 보며 분노하거나 한탄하기 마련이다. 그리고 범인을 악마화하며 비난한 뒤 그 배경에 있는 사회적 문제에 대해서는 눈을 감는다. 부모로부터 버림받고 빈곤과 소외 속에서 살던 어린 네 남매를 다룬 고레에다 히로카즈 감독의 영화 제목처럼 "아무도 모른다", 아니 아무도 알고 싶어 하지 않는다.

"어쩌다 이렇게 됐어?"라는 뒤늦은 물음만을 되풀이하지 않기 위해서 물어야 할 근본적 문제들이 따로 있지 않을까? 이 책이 그런 근본적 문제들을 찾는 데 일조할 수 있기를 바란다.

사탐 | 07

가족의 무게
가족에 의한 죽음은 어떻게 일어나는가

1판 1쇄. 2022년 10월 31일

지은이. 이시이 고타
옮긴이. 김현욱
펴낸이. 안중철·정민용
책임편집. 이진실
편집. 최미정, 윤상훈, 심정용

펴낸 곳. 후마니타스(주)
등록. 2002년 2월 19일 제2002-000481호
주소. 서울 마포구 신촌로14안길 17, 2층(04057)
편집. 02-739-9929, 9930
제작. 02-722-9960
팩스. 0505-333-9960
블로그. https://blog.naver.com/humabook
페이스북·인스타그램/Humanitasbook

인쇄. 천일인쇄 031-955-8083
제본. 일진제책 031-908-1407

값 18,000원

ISBN 978-89-6437-418-4 04300
      978-89-6437-201-2 (세트)